KB106072

소프트웨어 교육,
프로젝트를 만나다 ②

-피지컬 컴퓨팅 & 메이커 교육편-

소프트웨어 교육, 프로젝트를 만나다 ②

발행일   2022년 1월 14일

지은이   문유진
펴낸이   손형국
펴낸곳   (주)북랩
편집인   선일영   편집   정두철, 배진용, 김현아, 박준, 장하영
디자인   이현수, 허지혜, 안유경   제작   박기성, 황동현, 구성우, 권태련
마케팅   김회란, 박진관
출판등록 2004. 12. 1(제2012-000051호)
주소   서울특별시 금천구 가산디지털 1로 168, 우림라이온스밸리 B동 B113~114호, C동 B101호
홈페이지 www.book.co.kr
전화번호 (02)2026-5777   팩스   (02)2026-5747

ISBN   979-11-6836-093-8 14000 (종이책)   979-11-6836-092-1 15000 (전자책)
        979-11-6836-094-5 14000 (세트)

(주)북랩 성공출판의 파트너

북랩 홈페이지와 패밀리 사이트에서 다양한 출판 솔루션을 만나 보세요!

홈페이지 book.co.kr   •   **블로그** blog.naver.com/essaybook   •   **출판문의** book@book.co.kr

작가 연락처 문의 ▸ ask.book.co.kr

작가 연락처는 개인정보이므로 북랩에서 알려드릴 수 없습니다.

로봇과 어플 개발을 통해 쉽게 배우는 소프트웨어

피지컬 컴퓨팅 & 메이커 교육

소프트웨어 교육, 프로젝트를 만나다 ❷

문유진 지음

소프트웨어를 활용하여 나만의 창의적인 제품과 인공지능 로봇을 개발해보자!
쉽고 재미있게 컴퓨팅 사고력을 길러주는 소프트웨어 입문서

북랩 book Lab

—

맛있는 요리를 따라할 수 있는 컴퓨팅 수업 레시피

김성천(한국교원대 교수)

4차산업혁명이니, 인공지능이니, 코딩교육이니 하는 개념과 용어들이 현장을 휩쓴다. 이 과정에서 무언가 뒤처진 느낌을 받기도 하고, 뭐라도 배워서 아이들에게 적용해야 할 것 같은 압박감을 받기도 한다. 특히, 교육공학이나 컴퓨터교육을 전공하지 않은 이들에게는 SW교육이나 코딩교육은 더욱 부담스럽게 다가올 수밖에 없다. 이 책에서 다루고 있는 주제들만 해도, 낯선 용어와 프로그램들이고, 정보교육 박람회에서나 보던 내용들을 다루고 있어서 얼핏 봤을 때는 내가 할 수 있는 영역이 아닐 것 같은 느낌이 든다.

저자는 이러한 부담감을 해소하기 위해 부단히 노력한 흔적을 읽을 수 있다. 우선은 경어체 문장을 사용하여 독자들에게 친근감 있게 다가서기 위해 노력한다. 동시에, 문유진 선생님이 교실에서 직접 적용하고 실천했던 내용, 순서, 방법을 친절하게 안내해 주고 있다. 참고할 수 있는 링크 주소라든지 활동지 양식, 절차 등을 포함하였다. 먹음직스러운 요리를 어렵지 않게 따라할 수 있도록 구성한 요리 책과 같은 느낌이 든다. 이 책은 맛있는 수업 요리를 누구나 쉽게 따라할 수 있도록 자세하게 안내하고 있다. 동시에, 여러 수업 팁을 제시하고 있어 교사들에게는 한번쯤 따라 해보고 싶은 마음을 갖게 만든다.

이 책은 학생들의 참여와 활동, 실천을 자연스럽게 강조하고 있다. 이 책에서 제시한 프로젝트 활동과 과제를 추진하려면 학생 간 협업과 협력의 가치가 자연스럽게 발현되어야 한다. 학생들의 자기주도성을 발현시키기 위해서는 흥미 유발과 결과물에 대한 확인이 필요하다. 이 책에서 제시한 프로젝트 활동들은 학생들의 참여를 촉진하고, 성취 경험을 충분히 맛볼 수 있도록 구성하였다. 학생들의 행위 주체성은 진공 상태에서 스스로 발현되지 않는다. 교사와 또래와의 상호작용을 통해 구현된다. 그 가능성을 이 책은 보여주고 있다.

아이들이 살아가야 할 세상은 기성세대들이 살아왔던 세상과 분명히 다를 것이다. 어른들이 살아 왔던 교육의 문법을 학생들에게는 강요해서는 안 된다. 실제, 예상치 않았던 상황에서 학생들의 역동성과 주도성, 주체성을 확인할 수 있는데, 이 책에서 제시한 내용을 수업에 적용하게 되면 그런 가능성을 충분히 확인할 수 있으리라 기대한다.

미디어 리터러시는 단순히 기능만을 의미하지 않고, 구조와 맥락, 본질을 꿰뚫어 볼 수 있는 안목을 포함한다. 디지털 격차가 더욱 벌어지는 이 시대에 이 책은 학생들로 하여금 컴퓨팅 사고력을 갖게 하면서, 자신감을 갖고 정보의 바다에 참여할 수 있도록 도울 것이다. 그 과정에서 디지털 격차는 좁혀질 것이다. 이 책을 읽고 실천하는 독자들에게 '디지털 격차' 해소자의 역할을 기대해 본다.

최근의 IT트렌드는 하드웨어를 전혀 모르는 상태로도 소프트웨어를 개발할 수 있고 이에 따라 소프트웨어와 하드웨어가 별개의 영역으로 생각되고 있습니다. 현업에서 로봇기술, IoT, 사물인터넷 등 임베디드 시스템에 종사하는 저로서는 이러한 부분이 교육과정에 반영되면 좋겠다고 생각합니다. 이 책은 새로 프로그래밍을 접하는 미래의 개발자에게 하드웨어와 소프트웨어 두 가지의 중요성을 알려주고, 이를 융합시킬 수 있는 사고의 기틀을 마련해 주고 있습니다. 또한 '회로 구성하기'를 통해 미리 하드웨어의 기능과 특성을 생각하게 하고, 이를 '프로그래밍'으로 효율적으로 작동시킬 수 있는 개발자의 기본 역량을 기를 수 있게 구성되어 있습니다. 코로나 시대를 맞아 IT플랫폼은 폭발적인 기세로 성장하고 있습니다. 더욱더 다양한 분야의 IT개발자가 필요해지고 있는 상황에서 하드웨어와 소프트웨어를 모두 쉽게 경험할 수 있는 이 책은 미래를 선도하는 개발자가 되고 싶은 분들의 훌륭한 길라잡이가 될 것입니다.

삼성전자 연구원 **안대성**

임베디드 시스템은 학생들의 상상을 실제 장치로 구현함으로써 공학적 사고 역량을 키워주는 훌륭한 도구입니다. 학생들은 HW/SW 설계를 통해 자신의 생각을 컴퓨터 언어로 표현하여 논리적 사고 능력을 키울 수 있으며, 시스템 통합 과정을 통해 스스로 문제해결 능력을 키울 수 있습니다. 초등학생을 위해 아두이노 활용 교육과정을 학생들의 흥미와 눈높이에 맞게 재구성하여 글을 엮어낸 저자의 철학과 용기에 경의를 표합니다. 긴 시간의 교육 경험이 묻어나는 본 교재를 통해 학생들은 임베디드 시스템과 쉽게 친해질 수 있으며, 다양한 예제를 학습함으로써 우리 생활에 사용되는 전반적인 공학을 자연스럽게 접할 수 있습니다. 본 교재를 접한 학생들은 상위 교육과정에서 배울 HW/SW 설계 지식을 두려움 없이 습득하고, 연구/산업 분야에서 활용되는 공학적 사고의 기틀을 마련할 것이라 기대합니다.

한국항공우주산업 **이동근**

미래 사회를 열어가는 소프트웨어 기술의 중요성을 누구나 말하지만 그것을 어떻게 가르칠 것인가에 대해 말하는 이는 드뭅니다. 이런 불편함을 느낀 사람들에게 이 책은 매우 소중한 경험이 될 것입니다.

사단법인 이어짐 대표 **김홍중**

이 책은 미래의 소프트웨어 개발자를 꿈꾸는 소년, 소녀들, 그리고 소프트웨어 교육에 접근하는 교사들에게 도움을 줄 수 있는 책입니다. 곳곳에 묻어나는 저자의 마음에 감동하며 항상 고민하는 교육자의 길을 걸어가는 선생님에게 박수를 보냅니다.

교수 **문유정**

학생들의 역량과 이해도에 대해 저자가 깊이 고민한 흔적이 보이는 책입니다. 아이들의 지적 흥미를 불러일으키면서도 충분한 설명이 뒷받침되어, 재미있고 다양한 실습을 할 수 있도록 구성되어 있습니다. 교과 심화학습에서 한 걸음 더 나아가 창의적인 사고의 발전과 진로에 대한 고민까지 연결될 수 있기를 희망합니다.

의학 전공 **이화진**

그림을 그리는 사람으로서 미술 작품을 새로운 관점에서 대하는 내용이 마음에 와닿습니다. 앞으로 우리 생활 전반에는 소프트웨어가 더욱 깊숙이 들어오겠지요. 그동안의 노력이 책으로 결실을 맺게 된 것을 축하합니다.

작가 **문유향**

항상 열정적으로 학습하고 부지런히 자기 삶을 새롭게 열어가는 문유진 선생님, 책 출판을 축하합니다. 그리고 항상 응원합니다.

중앙내과의원 **김경희**

교육자로서의 평소 노력과 고민이 교육서로 출간된 것을 축하합니다. 이 책이 미래교육에 대한 현직 교사들의 고민에 힘을 보태리라 믿습니다.

이비인후과 전문의 **이영희**

지금은 4차 산업혁명 시대입니다. 인공지능, 사물인터넷, 로봇기술, 드론, 자율주행차, 가상 현실과 관련된 산업이 주류를 이루고 그 중심에 소프트웨어 기술이 핵심으로 자리잡고 있습니다. 이런 시대적 흐름에서 소프트웨어 교육은 필수적입니다. 그 시작은 초등교육이고, 이 책은 그 시작의 길을 잘 열어주는 책입니다.

교사 **이지은**

우리는 꿈을 꾸는 소녀들. 2015년 말 열풍을 불러온 노랫말입니다. 4차 산업혁명의 홍수 속에 살아가는 어린이가 미래를 꿈꾸기 위해 소프트웨어교육은 필수가 되었습니다. 아이들이 꿈꿀 수 있고 가능성이 무궁무진한 영역이기 때문이지요. 여기에 수록된 내용들은 문유진 선생님의 땀과 노력이 고스란히 담겨있습니다. 많은 분들이 우리 아이들의 가능성을 기르는 교육에 활용하셨으면 좋겠습니다.

교사 **이종승**

應變創新. 변화에 한 발 앞서 주도적으로 길을 개척한다. 늘 교육에 있어 한 발 앞서 주도적으로 나아가는 문유진 선생님의 연구 결실이 출간됨을 축하드립니다. 선생님의 책이 미래 교육의 작은 등불이 될 것이라 기대합니다.

교사 **고재연**

소프트웨어교육에 대한 이론적 배경을 탄탄하게 소개하고, 실제 수업에 적용할 수 있는 아이디어를 제공하는 책입니다. 소프트웨어교육을 처음 접하는 초심자부터 꾸준히 실천해 오고 계신 전문가에 이르기까지 도움이 될만한 책입니다. 이론과 실천을 집대성하고 있는 이 책이 소프트웨어교육의 실용서로 학교 현장에 선한 영향력을 끼치기를 기대합니다.

교사 **복건수**

항상 아이들 교육을 위해 연구하시는 멋진 문유진 선생님! 아이들과 함께 있는 시간을 소중하게 생각하고 더욱 발전하기 위해 노력하시는 선생님의 모습이 감동적입니다. 선생님의 노하우가 이 책을 통해 널리 퍼지기를 바랍니다.

교사 **박혜연**

소프트웨어 교육을 만나고 싶은 선생님을 위한 안내서, 실천과 고민을 담아낸 이 책이 모두에게 깊은 배움을 전하기를 기대합니다.

교사 **김보연**

sw 교육 현장이 그대로 담긴 책! 이 책을 통해 많은 학생들이 새로운 생각을 키우고 세상을 바꾸는 힘을 키워가기를 기대합니다. 출간 축하드립니다!

교사 **차유빈**

조금은 엉뚱한 듯, 때로는 무모한 듯, 그러나 자신이 옳다고 여기는 길을 묵묵히 걷는 모습, 아울러 아이들의 눈높이에 맞게 호흡하며 학습을 설계하고 안내한 모습들, 그래서 이 책이 더 소중한지도 모른다.

교사 **안현숙**

들어가며

—

　삶은 끊임없는 배움의 여정입니다. 그동안 저자를 만나고 도와주신 여러 선생님, 대학원 동료, 교수님들께 존경과 감사를 표합니다. 제 앞가림도 못하면서 다른 이들의 삶에 어떤 선한 영향력을 줄 것인가. 나는 성직자의 관점을 갖고 있지 않은데, 내가 아이들을 가르쳐도 되나? 적어도 '괜찮은' 교사가 되려면 어떤 준비를 해나가야 될까. 교사로서 다소 혼란스러웠던 정체성은 입학 무렵부터 시작되어 입직 이후에도 해결이 안 된 숙제처럼 마음 한켠의 부담으로 남아있었습니다. 교직의 어려움을 느낄수록 막연하고 어정쩡한 시간을 보내는 느낌도 들었습니다. 다행히 그런 불안감(?) 덕분에 교사로서의 자기 연찬에는 나름 성실했던 것 같습니다. 훌륭한 교사는 못 된다 하더라도 내가 해줄 수 있는 것을 필요로 하는 아이들에게 주기 위해서, 내가 아는 것만큼 누군가를 도울 수 있다는 생각에서, 고민하고 노력하는 과정으로 교직 생활을 이어온 것 같습니다.

　이 책은 개인적으로 교사 2.0 시기에 작성한 서브노트이며, 소프트웨어 교육을 처음 접하시는 선생님들의 교사교육과정 운영에 참고가 될 수 있는 도움서로 썼습니다. 제 아이와 여가 시간을 함께할 목적에서도 집필하였기 때문에 관심 있는 학부모님들께서 가정에서 아이와 해볼 수 있는 자습서로도 활용할 수 있습니다. 따라서 컴퓨터와 프로그래밍에 부담을 갖고 계신 분들도 쉽게 따라할 수 있는 기본적이면서 상세한 내용으로 구성하였습니다. 소프트웨어 교육을 위한 좋은 자료와 교구들은 너무나 많습니다. 저자가 처음 소프트웨어 수업을 하게 되었을 때 넘치도록 많은 자료 중에서 학생들의 40분 수업에 적당한 수준과 내용을 찾아 하나하나 코딩해보고 시행착오를 거치느라 많은 에너지 소진을 경험하였습니다.

학교의 많은 행정업무로 수업에 오롯이 전념하기 힘든 현실에서 가르칠 것은 너무 많아지는 요즘입니다. 학부모로서도 마찬가지입니다. 아이의 교육 문제에만 전념할 수 없고, 그렇다고 모든 것을 사교육에 의지하기에도 너무나 많은 교육비를 감당해야 하는 현실입니다. 저자는 수업에서 활용해본 교구들을 중심으로 9장에 걸쳐 풀어보았습니다. 우리 학생들이 소프트웨어를 경험하기 위해 이 모든 활동을 다해볼 필요는 없습니다. 아이의 연령과 관심있는 내용, 만들고 싶은 것을 고려하여 한 가지의 깊이 있는 활동 경험만으로도 충분한 의미가 있다고 생각합니다.

많은 선생님들께서는 이미 교육과정과 수업의 전문가이기 때문에, 소프트웨어 수업에 필요한 기본 지식과 문법을 익히는 데 약간의 시간을 투자하신다면 훌륭한 수업을 운영하실 것이라 확신합니다. 본서에서 소개드리는 사이트에 학습 동영상, 학습 어플, 활동지 파일, 도안 등이 소개되어 있습니다. 수업 활동에서 사용한 자료를 그대로 올려두었으므로 시작은 쉽게 발전은 창의적으로 나아가실 수 있습니다. 몇 가지 아쉬운 부분도 있습니다. 처음부터 책을 집필할 의도는 없었기 때문에 더 많은 작품과 활동을 사진으로 남기지 못했고, 전문적학습공동체 문화가 정착되지 않은 시기에 혼자 고군분투하며 운영한 내용이라 부족한 점도 많을 것입니다. 탄탄한 전문성을 가진 선생님들의 집단지성을 통해 현장의 소프트웨어 교육은 훨씬 다채롭게 펼쳐질 수 있다고 생각합니다.

학생들의 연령과 흥미, 적성을 고려하여 교수자의 판단에 따라 적절한 교구를 활용하고 의미 있는 활동을 펼쳐보시면 좋을 것 같습니다. 이 책에서는 다음과 같이 활동자료를 소개하고 있습니다. 1장은 소프트웨어 교육과 프로젝트 학습에 대한 개괄적 이해, 2장은 오조봇을 활용하여 재미있는 게임 개발하기, 3장은 엔트리를 활용한 미디어와 게임 제작을 소개하였습니다. 4장에서는 교과와 연계한 언플러그드 놀이, 5·6·7장에서는 햄스터, 비트브릭, 아두이노를 활용하여 사람을 배려하고 지구촌 문제를 해결하는 제품과 로봇 개발하기를 소개하였습니다. 8장에서는 안전

웨어러블 만들기 활동을, 9장에서는 앱 인벤터로 자신의 관심사나 공동체의 현실적 요구에 맞는 어플 개발을 주제로 하고 있습니다. 교구의 특성에 따라 더 새롭고 다양한 활동을 구안하고 학생들의 흥미와 학교 여건에 맞는 활동을 가감하여 새로운 프로젝트 학습을 계획할 수 있을 것입니다. 5~6학년의 경우 저자는 5, 6차시에 실과, 창체, 미술 교과를 주로 안배하고 국어 수업을 연차시로 구성하여 크고 작은 프로젝트 학습을 운영했습니다. 소프트웨어 융합프로젝트는 프로그래밍 도구의 기본 용법을 배우는 시간이 필요하고, 학생들이 구현할 수 있는 방법을 결정할 수 있어야 하므로 산출물 정하기를 후반부에 배치하였습니다. 이 밖에도 학급의 여건이나 학생들의 요구에 따라 적이한 시기에 학습 순서를 유연성 있게 조정하면 좋을 것 같습니다.

학생들이 살아갈 미래에는 많은 직업들이 사라질 것으로 예견되므로 '앙트십'이라는 창업가 정신도 필요하다고 봅니다. 이러한 생각에서 평소 메이커교육을 즐겨 하다 보니 자연스레 디자인 챌린지 위주의 프로젝트를 하게 되었습니다. 불확실성의 시대를 살아가게 될 학생들은 모호함을 잘 극복하고 기존에 없던 새로운 가치를 생산하는 능력을 키워가야 할 것입니다. 따라서 자신의 배움을 끊임없이 성찰하고 자신의 경험을 해석하는 활동을 통해 메타인지를 촉진하고자 하였습니다. 순차·반복·조건문의 기본 알고리즘을 반복 사용하여 알고리즘에 대한 학생들의 자연스러운 적응과 이해를 돕고자 하였으며, 수업의 목적이 단순히 프로그래밍 능력을 신장시키는 데 있지 않기 때문에 교사가 기본 코드와 예를 제시하면 학생들이 그 활용을 선택·확장해 나갈 수 있는 여백을 고려하였습니다.

이 프로젝트 수업의 목적은 소프트웨어 중심 사회를 살아갈 학생들이 지식과 정보처리, 협업과 의사소통 역량을 기르고, 기술의 선사례를 체험함으로써 심미적 감성과 공동체 일원으로서의 주체성을 길러갈 수 있는 경험을 제공하는 데 있습니다. 모든 배움은 마음속에 새로운 가치를 만들고 삶을 영위해 나가는 기조력이 되어야 한다고 생각합니다. 이 책은 학생들의 배움이 삶에 통합되어가는 과정에서 소프트웨어 교육이 어떻게 이루어져야 하는가를 고민한 결과물입니다.

이 순간도 많은 선생님들이 함께 모여 고민하고 연구하면서 교육의 미래를 밝히기 위해 자신의 시간과 에너지를 보태고 계실 것입니다. 저자 역시 부족함이 많지만 조금이나마 새로운 시도에 보탬이 되고자 합니다. 보다 가치지향적인 기술 개발을 경험하는 과정에서 학생들의 건설적인 자기 주체성을 키워나가기 바랍니다. 우리 학생들이 기술시스템의 편의나 위대함에 매몰되기보다 비판적이고 분석적이며 창의적인 관점에서 새로운 기술을 디자인하면 좋겠고, 더불어 협력과 관용의 미덕, 그리고 지성인으로서 문제해결 능력을 키워나갈 수 있으면 좋겠습니다. 우리 교육의 밝은 미래를 열어가기 위해 뜻있는 선생님들과 함께 교재를 엮을 수 있는 기회도 생기면 좋겠습니다. 저자에게 용기와 격려를 주시는 선생님들, 대학원 동료들과 교수님들, 우리 가족, 항상 곁에 있어 고맙습니다. 사랑합니다.

목차

★피지컬 컴퓨팅 & 메이커 교육편

5장 햄스터 로봇

6장 비트브릭

7장 아두이노 우노

8장 릴리패드

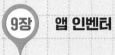

9장   앱 인벤터

5장

햄스터 로봇

햄스터 로봇은 컴퓨터 프로그램과 블루투스 통신으로 제어되는 형태로, 거리 센서와 바닥 센서를 장착하고 있어서 라인트레이서나 미로주행을 수행하기 좋은 로봇입니다. 3축 가속도 센서와 밝기 센서, 피에조 부저가 내장되어 있으면서 익스텐션 키트로 입출력 장치를 확장시켜서 다양한 부품을 활용할 수 있습니다. 햄스터 스쿨에서는 교사 연수 자료에서부터 학생 활동지와 동영상에 이르기까지 다양한 콘텐츠를 제공하고 있어 수업을 구안하는데 많은 도움을 줍니다. 햄스터 로봇의 가장 큰 장점은 엔트리를 활용하여 피지컬 수업을 진행하기에 최적화되어있다는 점입니다. 기본적인 엔트리 용법을 알면 사용에 큰 어려움이 없고 미로 커버, 펜홀더나 집게, AI 카메라, 치즈스틱 등 다양한 액세서리를 활용하여 기능을 확장시켜 나가고 있으므로 소프트웨어 교육에서 꾸준히 활용될 것으로 보입니다.

햄스터 로봇 다루기에서 가장 중요한 것은 동글(블루투스)과 햄스터 간의 '페어링'과 '바퀴 직진 보정'이라고 할 수 있습니다. 단체수업에서는 학생들이 각자 컴퓨터의 USB단자에 동글을 꽂고 햄스터 전원을 켜서 한꺼번에 페어링(로봇과 블루투스의 연결)을 시도하게 됩니다. 이때 컴퓨터에 꽂힌 동글과 햄스터 로봇이 서로 엇갈리게 연결될 수 있으므로, 자기 컴퓨터의 동글에 햄스터를 5cm 이하로 바짝 갖다 대어 페어링을 해야 합니다. 엔트리 프로그램을 활용하면 한 대의 컴퓨터에 2대의 햄스터까지 연결이 가능합니다. 스크래치의 경우 4대까지 가능하다고 하지만 작동이 원활하지는 않았던 것 같습니다. 클라우딩 기반의 컴퓨터실에서는 서버에 연결된 모든 컴퓨터가 마치 한 대의 컴퓨터처럼 모든 동글을 동시에 인식하기 때문에 연결에 혼선이 생길 수 있습니다. 이 경우 선생님들은 학생들의 화면에 보이는 무조건 가장 큰 포트 번호를 클릭하게 하여 순차적으로 모든 연결을 하였습니다.

학생들이 두 번째로 까다롭게 느끼는 것은 '직진 보정'입니다. 햄스터 로봇에는 두 개의 DC모터가 각 바퀴에 달려있고 이 두 모터의 세기 차이로 인하여 모터 출력이 작은 바퀴쪽으로 휘어져 전진하게 됩니다. 이 차이를 조절하여 햄스터가 직진할 수 있도록 하는 것을 '직진 보정'이라고 하는데, 직진 보정을 하지 않으면 햄스터를 원하는 방향으로 이동시키는 데 어려움이 있기 때문에 귀찮더라도 보정은 필요합니다. 학생들이 길 찾기 미션을 단조롭게 느낀다면 '햄스터 스쿨'에서 제공하는 다양한 수업자료와 집게, 펜홀더 등의 보조 교구를 활용하여 다양한 방법으로 활용해보시기를 권합니다. 길 찾기 수업에서는 햄스터 로봇에 학생들 이름표나 캐릭터를 붙여서 미션을 완수하고 스탬프 모으기를 하거나, 보물 상자 위에 번호 카드를 올려 주고 카드 모으기를 한 후 번호별로 보상을 제공해도 좋습니다. 깨알 보상이지만 학생들이 지루해하지 않고 보다 많은 미션을 수행하게 됩니다. 로보메이션에서 제공하는 미로판을 컬러로 출력하여 책받침 형태로 코팅하여 두면 더 재미있고 실감나게 활동할 수 있습니다.

[햄스터 참고 자료 (햄스터 스쿨 자료 링크 포함)]
• https://blog.naver.com/dulcinea012/222061998877
• https://blog.naver.com/dulcinea012-프로젝트 수업자료-4. 햄스터 로봇

✪ 프로젝트 개요

프로젝트 주제	사람들을 도와주는 똑똑하고 착한 로봇을 만들어보자.		
프로젝트 목표	이 활동 주제는 나눔, 배려, 봉사의 미덕을 추구하며 차별과 편견을 없애고 모두가 화합해 나가는 세상을 지향하는 차원에서 기술 활용을 제안하는 것이다. 〈소나타 터처블 뮤직 시트〉 광고에서 보여주는 '사람을 목적으로 하는 기술'을 생각하면서 미래의 중요한 직업적 가치를 형성할 수 있는 기회를 제공하고자 하였다. 다소 무거운 주제로 인식될 수 있음을 고려하여 배움의 과정에 놀이 요소를 추가하여 재미와 감동을 동시에 얻을 수 있도록 하였다.		
대상 학년	6학년	**프로젝트 유형**	디자인 챌린지
산출물 형태	햄스터 로봇을 이용하여 사람을 도와주는 로봇 만들기		

✪ 교과 및 성취기준

교과	성취기준
창체	창의주제 활동: 햄스터 로봇을 활용하여 사람을 도와주는 로봇 만들기
미술	[6실04-08] 절차적 사고에 의한 문제 해결의 순서를 생각하고 적용한다. [6실04-09] 프로그래밍 도구를 사용하여 기초적인 프로그래밍 과정을 체험한다. [6실04-11] 문제를 해결하는 프로그램을 만드는 과정에서 순차, 선택, 반복 등의 구조를 이해한다. [6실05-06] 생활 속 로봇 활용 사례를 통해 작동 원리와 활용 분야를 이해한다.
국어	[6국05-06] 작품에서 얻은 깨달음을 바탕으로 하여 바람직한 삶의 가치를 내면화하는 태도를 지닌다.
도덕	[6도02-03] 봉사의 의미와 중요성을 알고, 주변 사람의 처지를 공감하여 도와주려는 실천 의지를 기른다.
사회	[6사08-06] 지속가능한 미래를 건설하기 위한 과제(친환경적 생산과 소비 방식 확산, 빈곤과 기아 퇴치, 문화적 편견과 차별 해소 등)를 조사하고, 세계시민으로서 이에 적극 참여하는 방안을 모색한다.
성취기준 재구성	[활동 주제] 사람들을 도와주는 로봇 만들기 [성취기준] 모두가 잘 살아갈 수 있는 사회를 만들어가기 위해 어려운 여건에 처한 사람들을 돕는 로봇을 설계할 수 있다.
2015개정 핵심역량	자기관리, 정보처리, 창의적 사고, 심미적 감성, 의사소통, 공동체 역량
일반화 지식	과학기술의 발전은 인류의 보편적인 행복을 지향해야 한다.

✪ 프로젝트 수업 흐름

이 프로젝트의 주제는 '사람에 대한 나눔과 배려'입니다. 국어 시간에는 <여성 장애인 김진옥씨의 결혼 이야기>, <흰 지팡이 여행>, <나는 학교에 갑니다> 등 영화나 텍스트를 읽고 도움이 필요한 사람들의 시선에서 배려를 생각해보는 시간을 갖도록 하였습니다. 국어는 미디어 활용 단원이나 독서, 연극, 혹은 내용과 관련하여 텍스트를 유연하게 활용할 수 있습니다. 도덕 시간에는 "장애인은 사회가 지켜주어야 할 약자가 아닙니다. 장애인을 약자로 보는 것은 바로 환경입니다."라고 말한 오토다케의 이야기를 인터뷰 역할극으로 풀어보면서 장애인에 대한 배려가 동정이나 연민과 구별되어야 함을 인식하도록 하였습니다. 이러한 배려는 장애인 사례에서 시작하여 수많은 사회의 약자층 혹은 동물권의 문제로 그 차원을 넓혀갈 수 있고 도덕과 사회 교과의 '인권'과도 관련지어 활동을 계획할 수 있습니다.

✪ 프로젝트 차시 계획

순서	활동 내용	시수
1	[실과] 햄스터 로봇 사용방법 알아보기 -햄스터 로봇과 엔트리 프로그램 연결하기, 햄스터 로봇 구조 살펴보기 -햄스터 로봇 입력(감지)-제어-출력(동작) 과정 알아보기	2
2	[실과] 햄스터 로봇 이동하는 방법 알아보기 -햄스터 로봇 직진보정하기, 순차, 반복, 조건 구조 활용하여 길찾기 활동하기 -햄스터 로봇의 직진과 회전을 활용한 게임해보기	2
3	[실과] 근접 센서와 바닥 센서 활용하기 -태양계 행성 꾸미기, 지뢰찾기, 청소로봇 만들기, 미로찾기, 이어달리기	2
4	[실과] LED와 부저 활용하기 -피에조부저로 동요 연주하기, 돌림노래, LED와 동작으로 군무 만들기	2
5	[실과] 확장키트 사용하기 -확장키트를 사용하여 LED와 서보모터 제어하기	1
6	[실과] 인공지능 블록 활용하기 -인공지능 블록으로 음성인식 기능과 화면인식 기능 활용하기	1
7	[실과] 햄스터 로봇의 다양한 활용 방법 알아보기 -햄스터 집게와 펜 홀더 사용해보기, 햄스터 실과 키트 활용 방법 알아보기	1
8	[국어] 영화 감상문 쓰기 -〈여성장애인 김진옥씨의 결혼 이야기〉를 감상하고 의견 나누기	2
9	[도덕] 책 읽고 역할극 꾸미기 -〈나는 학교에 갑니다〉를 읽고 역할극 꾸미기	2
10	[사회] [도덕] 똑똑하고 착한 로봇 설계하기 -편견과 차별이 없는 세상을 만드는 데 필요한 기술 생각하기	2
11	[창체] 사람들을 돕는 똑똑하고 착한 로봇 만들기	3
12	[창체] 로봇 제작발표회	1

✪ 평가 계획

단계	수행 기준			
계획	• 어려움을 겪는 사람들의 문제를 알고 해결 방안을 탐색할 수 있는가? • 모두의 존엄한 삶을 지지하는 평화로운 미래를 위한 로봇을 구안하는가?			
	도달도		피드백	재도전 결과
	도달 ( )	미도달 ( )		
성장 과정	• 작품에서 가치 있는 내용을 이해하여 자신의 삶에 비추어 볼 수 있는가? • 팀원과 원만한 관계를 유지하면서 적극적으로 협력하여 로봇 만들기에 참여하는가? • 문제해결 과정에서 어려움을 겪은 부분에 대해 적절한 조언과 도움을 구하는가? • 절차적 사고를 바탕으로 문제 해결의 순서를 생각하여 적용하는가?			
	도달도		피드백	재도전 결과
	도달 ( )	미도달 ( )		
	도달 ( )	미도달 ( )		
최종 산출물	• 팀원과 함께 끝까지 노력하여 공동의 결과물을 완성하였는가? • 성숙한 토의 과정을 거쳐 결과물을 창의적으로 발전시킬 수 있었는가? • 프로그램을 만드는 과정에서 순차, 선택, 반복 등의 구조를 이해하여 사용하였는가? • 도움이 필요한 사람들의 입장을 창의적인 로봇을 구안하였는가?			
	도달도		피드백	재도전 결과
	도달 ( )	미도달 ( )		
공유 및 성찰	• 자신과 친구들의 학습 과정에 대한 피드백을 생성하는가? • 프로젝트의 전 과정에서 자신의 생각을 발전시키거나 새로운 아이디어를 생성할 수 있는가? • 주변 사람들을 위해 자신의 능력을 나누고 실천할 수 있는 의지를 갖게 되었는가? • 인류의 다양한 삶에 대한 이해와 문제 해결에 대한 실천 의지를 갖게 되었는가?			
	도달도		피드백	재도전 결과
	도달 ( )	미도달 ( )		
평가방법	포트폴리오, 러닝로그를 활용한 지필평가, 상호관찰평가, 자기평가			

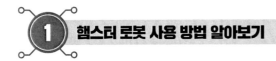 햄스터 로봇의 사용방법에 대해 알아봅시다. (출처 : 햄스터 스쿨)

✖ 햄스터 로봇을 엔트리 프로그램과 연결해 봅시다

① USB 단자에 동글을 꽂고 햄스터의 전원 버튼을 켭니다.

　•동글에 햄스터를 가까이 대고 (5cm 이내) 햄스터의 전원 스위치를 올립니다.

　•여러 명의 학생들이 동시에 연결하는 경우 햄스터와 동글이 서로 바뀌어 연결되
　기도 하므로 자신의 동글에 가까이 댄 상태에서 햄스터를 연결하도록 합니다.

　• '삑' 하는 연결 표시음과 함께 파란불이 켜지면 햄스터와 동글이 페어링된 것
　입니다.

② 엔트리를 실행하여 블록꾸러미창의 <하드웨어> 블록을 클릭합니다.

③ <햄스터>로봇을 선택합니다.

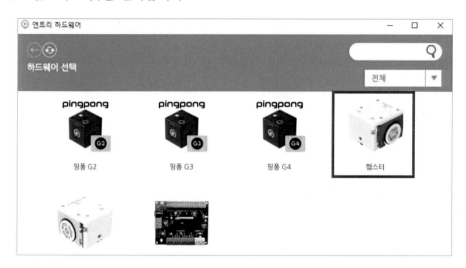

④ <연결 성공> 이 표시되면서 햄스터용 블록이 나타납니다. USB 단자에 동글을
꽂고 햄스터의 전원 버튼을 켭니다.

• 블록이 저절로 나타나지 않으면 하드웨어 블록꾸러미에서 <하드웨어>를 클
릭합니다.

• <최소화>를 클릭하여 연결 상태창이 보이지 않게 아래로 내려둡니다.

• <닫기>를 클릭하면 햄스터와 컴퓨터 간의 연결이 끊어지므로 창을 닫지 않도
록 주의합니다

햄스터 로봇의 구조를 알아봅시다. (출처: 햄스터 스쿨)

✖ 햄스터 로봇의 생김새를 살펴봅시다.

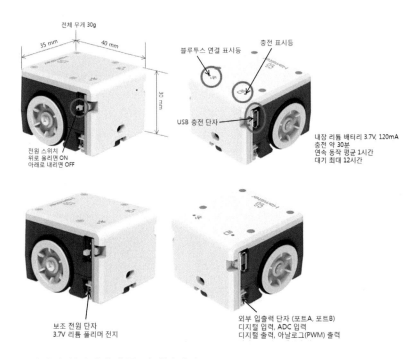

✖ 햄스터 로봇의 입력장치(감지장치)를 살펴봅시다.

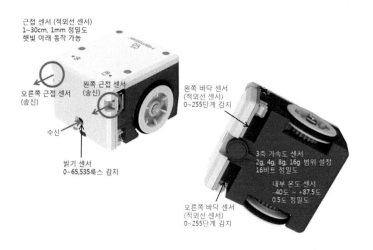

근접 센서	• 햄스터 로봇은 근접 센서를 사용하여 앞에 손 또는 물체가 있는지 감지합니다. 　- 왼쪽 근접 센서: 왼쪽 근접 센서의 값 (초기값: 0, 값의 범위: 0 ~ 255) 　- 오른쪽 근접 센서: 오른쪽 근접 센서의 값 (초기값: 0, 값의 범위: 0 ~ 255)
바닥 센서	• 밝은 색 물체 위에 있을수록 반사 광량이 많아서 측정값이 증가합니다. 　- 왼쪽 바닥 센서: 왼쪽 바닥 센서의 값(초기값: 0, 값의 범위: 0 ~ 100) 　- 오른쪽 바닥 센서: 오른쪽 바닥 센서의 값 (초기값: 0, 값의 범위: 0 ~ 100)
밝기 센서	• 밝을수록 값이 커집니다. (초기값: 0, 값의 범위: 0 ~ 65535)
온도센서	• 햄스터 로봇 내부의 온도 값입니다. (초기값: 0, 값의 범위: -40 ~ 88℃)
가속도 센서	• 로봇의 전진 방향이 X축, 왼쪽 방향이 Y축, 위쪽 방향이 Z축의 양수 방향입니다. 　- 가속도 센서의 x, y, z축 값 (초기값: 0, 값의 범위: -32768 ~ 32767)

✖ 햄스터 로봇의 출력장치(동작장치)를 살펴봅시다.

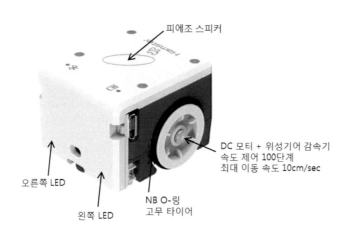

피에조 스피커

DC 모터 + 위성기어 감속기
속도 제어 100단계
최대 이동 속도 10cm/sec

오른쪽 LED

왼쪽 LED

NB O-링
고무 타이어

LED	• 명령에 따라 LED 색깔 정하기, 왼쪽, 오른쪽 LED 켜고 끄기를 합니다.
피에조 스피커	• 수동부저 기능: 버저음 내기와 끄기, 소리의 세기 정하기를 할 수 있습니다. • 능동부저 기능: 음정과 박자를 정하여 연주하기와 연주 속도조절이 됩니다.
DC모터	• 이동: 말판 이동, 전진 후진, 좌회전 우회전, 바퀴의 모터세기를 조절합니다. • 라인 트레이싱: 검은 선과 흰 선 따라가기, 선 따라가기 속도를 조절합니다

■ 햄스터 로봇의 확장보드를 살펴봅시다.

• 확장보드(익스텐션 키트)는 햄스터의 감지장치나 동작 장치를 추가하여 사용하기 위한 것입니다.

• 햄스터 로봇에 내장되어있지 않은 버튼, 소리센서, 서보모터 등을 추가로 연결하여 사용할 수 있습니다.

• 확장 보드의 크기는 가로 31mm, 세로 34mm입니다.
• A1의 A와 B, B1의 +와 -는 또 다른 확장을 위해 사용합니다.
• A2, A3, A4, A5와 B2, B3, B4, B5는 좌우 대칭입니다.
• 연두색 핀은 포트 A, 청록색 핀은 포트 B와 연결됩니다.
• 같은 색깔의 핀은 서로 연결되어 있습니다.
• 빨간색 바탕은 VCC, 검은색 바탕은 GND와 연결됩니다.
• A2, A3, B2, B3와 같은 3핀 커넥터는 주로 서보 모터처럼 3핀으로 동작하는 부품을 연결합니다.
• A4의 1~4핀과 B4의 1~4핀은 포트 출력이 LOW일 때 동작하는 부품을 연결합니다.
• A4의 5~8핀과 B4의 5~8핀은 포트 출력이 HIGH일 때 동작하는 부품을 연결합니다.
• A5, B5 핀들은 동작 시 Pull-Up 또는 Pull-Down이 필요한 부품, 예를 들어 커패시터(콘덴서), 온도 센서, CdS(빛 센서) 등을 연결합니다.

VCC   GND   포트 A   포트 B

■ 햄스터 로봇의 USB 동글을 살펴봅시다.

• 동글은 햄스터 로봇에 데이터를 송수신하는 장치입니다.

블루투스 연결 표시등

햄스터 로봇의 감지-제어-동작 과정을 알아봅시다.

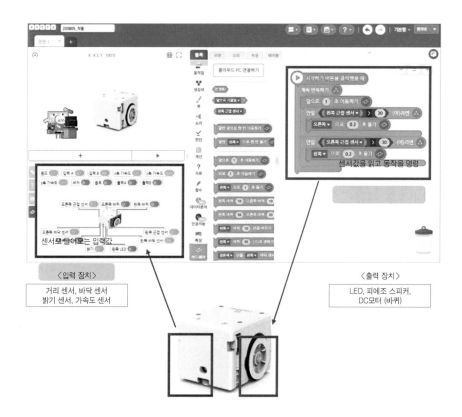

〈입력 장치〉
거리 센서, 바닥 센서
밝기 센서, 가속도 센서

〈출력 장치〉
LED, 피에조 스피커,
DC모터 (바퀴)

〈작동원리〉

엔트리 프로그램을 실행하여 햄스터 로봇을 연결하면 위 화면이 나타납니다. 동글을 통해서 컴퓨터 프로그램(엔트리)과 햄스터 로봇이 실시간으로 통신을 하는데 이때 입력 장치로 들어오는 센서값이 위와 같이 표시됩니다. 엔트리에서는 센서값을 이용하여 햄스터 로봇에 작동할 명령을 프로그래밍 하여 전송하면 햄스터 로봇은 프로그램 대로 출력 장치를 통해 동작하게 됩니다.

🤖 햄스터 로봇 명령어 블록을 알아봅시다.

✗ 엔트리에서는 다음과 같은 명령을 내릴 수 있습니다.

동작 장치	명령블록	실행
센서값	왼쪽 근접 센서▼ 앞으로 기울임▼ ? 손 찾음?	센서 이용하기
DC 모터	말판 앞으로 한 칸 이동하기 말판 왼쪽▼ 으로 한 번 돌기	말판 이동
	앞으로 1 초 이동하기 뒤로 1 초 이동하기	전진 후진
	왼쪽▼ 으로 1 초 돌기 정지하기	회전, 정지
	왼쪽 바퀴 10 오른쪽 바퀴 10 만큼 바꾸기	DC모터 세기 지정
	왼쪽 바퀴 30 오른쪽 바퀴 30 (으)로 정하기	
	왼쪽▼ 바퀴 10 만큼 바꾸기 왼쪽▼ 바퀴 30 (으)로 정하기	
	선 따라가기 속도를 5▼ (으)로 정하기	선 따라가기
	검은색▼ 선을 왼쪽▼ 바닥 센서로 따라가기	
	검은색▼ 선을 따라 앞쪽▼ 교차로까지 이동하기	
LED	왼쪽▼ LED를 빨간색▼ 으로 정하기 왼쪽▼ LED 끄기	LED 켜기 끄기
피에조 스피커	도▼ 4▼ 음을 연주하기	연주하기 (BPM: 분당 박자수)
	도▼ 4▼ 음을 0.5 박자 연주하기 0.25 박자 쉬기	
	연주 속도를 20 만큼 바꾸기 연주 속도를 60 BPM으로 정하기	
	삐 소리내기 버저 끄기	부저 소리내기
	버저 음을 10 만큼 바꾸기 버저 음을 1000 (으)로 정하기	
그리퍼	집게 열기▼ 집게 끄기	집게 벌리고 오므리기
확장 키트	포트 A▼ 를 아날로그 입력 으로 정하기	입력핀 정하기, 출력 세기 정하기
	출력 A▼ 를 10 만큼 바꾸기 출력 A▼ 를 100 (으)로 정하기	

햄스터 로봇을 이동시켜 봅시다. [출처: 햄스터 스쿨]

✖ 햄스터 로봇의 기본 동작을 확인해 봅시다.

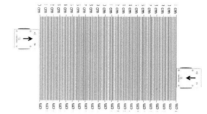

- 눈금자 학습지를 활용하여 햄스터가 1초 동안 움직이는 거리를 확인해 봅시다.
- 햄스터가 직진하여 나아가는지 가면서 왼쪽 혹은 오른쪽 방향으로 휘어지는지 봅시다.
- 햄스터가 직진하지 않으면 <직진보정>을 하여 줍니다.

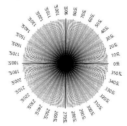

- 눈금자 학습지를 활용하여 햄스터가 1초 동안 회전하는 각도를 확인해 봅시다.
- 햄스터의 좌우 회전각이 90°가 되도록, 회전시간을 조절합니다. 예 (0.9) (1.1)

✖ 햄스터 로봇의 직진보정 방법을 알아봅시다.

- 동영상 자료: 로보메이션(http://robomation.net/) > 햄스터> 햄스터 직진 보정하기

직진보정이 필요한 이유

햄스터 로봇은 좌우에 DC 모터 2개를 이용하여 구동하도록 설계되어 있습니다. DC모터는 각 모터별로 속도 차이가 있기 때문에 좌우 바퀴의 구동력이 조금 다릅니다. 이런 현상을 해결하기 위해서 햄스터 로봇 제작 시 비슷한 속도의 DC 모터끼리 그룹지어 제작하고 있으나 그러함에도 양쪽 모터 속도에 편차가 발생할 수 있습니다. -로보메이션

✖ 햄스터 로봇의 직진보정 프로그램을 사용해 봅시다.

- 프로그램 다운로드 : 햄스터 스쿨→다운로드→소프트웨어다운로드→로봇코딩 소프트웨어
- 운영체제 확인 : 제어판→시스템 및 보안→시스템
- 운영체제 버전을 확인하여 Window 32bit/ Window 64bit를 다운로드하여 설치 합니다.

✖ 햄스터 로봇의 직진보정을 해 봅시다.

- 엔트리 프로그램을 종료하고, USB 동글 햄스터 로봇을 페어링 합니다.
- 로봇과 PC 연결을 확인한 후 로봇 코딩 소프트웨어를 실행합니다.
- C:드라이브/ RobotCoding폴더/ nw.exe 실행합니다.

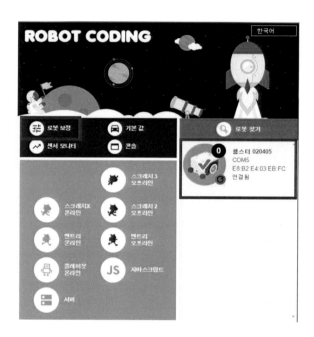

• 햄스터와 로봇코딩이 연결되었음을 확인하고 <로봇보정>을 클릭합니다.

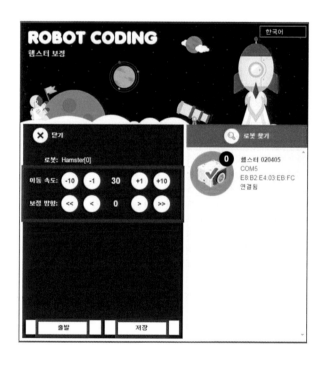

- <출발>을 클릭하면 햄스터 로봇이 앞으로 이동하고 <정지>를 클릭하면 정지합니다.
- 햄스터 로봇이 전진하는 방향에 따라 모터를 보정합니다.
  - 전진하면서 오른쪽으로 휘는 경우 < 또는 << 버튼을 클릭합니다.
  - 전진하면서 왼쪽으로 휘는 경우 > 또는 >> 버튼을 클릭합니다.
- < 또는 > 버튼은 1씩, << 또는 >> 버튼은 10씩 보정이 됩니다.
- 햄스터 로봇의 기본 속도는 30으로 설정되어 있습니다.
- -10, -1, +1, +10 버튼을 클릭하면서 속도를 조정합니다.
- 햄스터 로봇이 곧바로 직진하게 되면 저장 버튼을 클릭합니다.
  - 저장 버튼을 클릭하면 새로 보정된 값이 햄스터 로봇 하드웨어에 저장됩니다.
  - 화면의 보정 값은 다시 0으로 초기화됩니다.

직진 보정 방법

❶ 〈직진 보정 프로그램〉을 이용해서 양쪽 모터의 속도를 비슷하게 보정합니다.

❷ 미세한 차이는 코딩할 때 양쪽 바퀴의 속도를 서로 다르게 합니다.

모터의 힘이 큰 쪽의 값을 낮추거나 약한 쪽의 값을 올립니다.

> 왼쪽 바퀴 **30** 오른쪽 바퀴 **30** (으)로 정하기 ♻

❸ 물리적인 모터 파손이 아닌 경우 대부분 보정을 통해 어느 정도 조정이 됩니다.

통신 문제로 보정 속도가 저장이 안 된 경우 햄스터 전원을 껐다 켠 후 재시도합니다

햄스터 로봇을 이동시켜 길찾기 활동을 해 봅시다

✖ 다음 블록을 사용하여 길찾기 활동을 해 봅시다. (출처: 햄스터 스쿨)

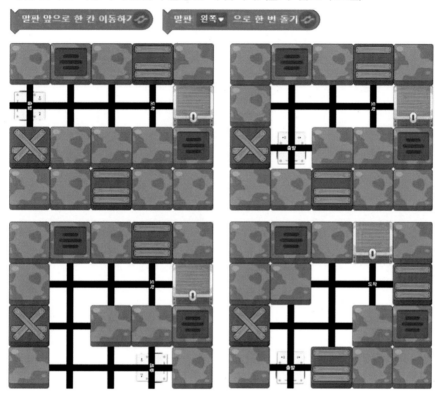

✖ 다양한 활동방법으로 길찾기 활동을 해 봅시다.

• 보물 상자에 도착하면 쿠폰이나 사탕을 제공하여 활동의 재미를 더해 봅시다.

✖ 반복되는 동작을 다르게 명령할 수 있을지 생각해 봅시다.

• 반복되는 명령을 줄이기 위해 필요 없는 블록과 필요한 블록을 생각해 봅시다.

✖ 다음 블록을 사용하여 길찾기 활동을 해 봅시다. (출처: 햄스터 스쿨)

✖ 손찾음 조건 블록을 사용하여 길찾기 활동을 해 봅시다. (출처: 햄스터스쿨)

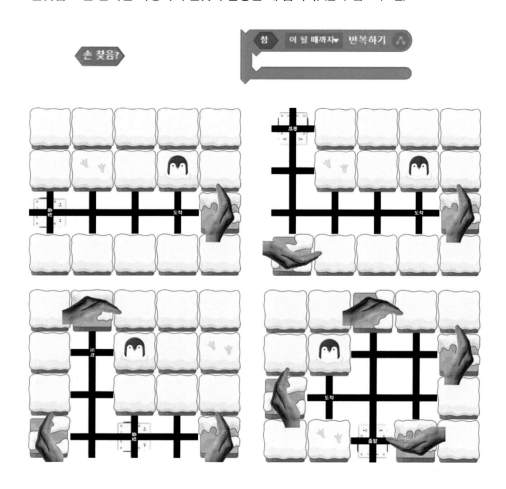

🤖 햄스터 로봇의 회전과 직진을 활용한 게임 활동을 해 봅시다.

✿ 햄스터 로봇을 활용하여 하키 경기를 해 봅시다.

✖ 경기 규칙을 정하고 햄스터의 동작 순서를 생각해 봅시다.

◆경기 규칙

◆동작 순서(알고리즘)

✖ 경기에 필요한 동작을 프로그래밍 해 봅시다.

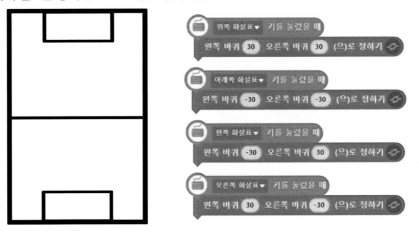

✖ 게임 규칙에 따라 경기를 해 봅시다.

• 골대 안에 공을 넣을 수 있는 전략을 토의하며 경기를 진행해 봅시다.

✖ 게임 규칙을 바꾸어 봅시다.

• 게임을 하면서 불편했던 점은 무엇이 있을까요?

• 게임을 더 즐기기 위하여 규칙을 어떻게 바꾸면 좋을지 토의해 봅시다.

✿ 햄스터 로봇을 활용하여 컬링 경기를 해 봅시다.

✖ 경기 규칙을 정하고 햄스터의 동작 순서를 생각해 봅시다.

◆경기 규칙

◆동작 순서(알고리즘)

✖ 경기에 필요한 동작을 프로그래밍 해 봅시다.

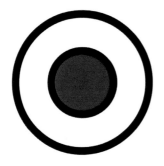

✖ 게임 규칙에 따라 경기를 해 봅시다.

• 햄스터를 원 밖으로 많이 밀어내기 위한 전략을 토의해 봅시다.
• 목표지점까지의 거리는 얼마인가요?
• 상대편 햄스터를 밀어내고 원 안에 남아있기 위해서는 어떻게 움직여야 할까요?

✖ 게임 규칙을 바꾸어 봅시다.

• 게임을 하면서 불편했던 점은 무엇이 있을까요?
• 재미있는 게임을 만들기 위해 규칙을 어떻게 바꾸면 좋을지 토의해 봅시다.

✿ 햄스터 로봇을 활용하여 볼링 경기를 해 봅시다.

✖ 경기 규칙을 정하고 햄스터의 동작 순서를 생각해 봅시다.

◈경기 규칙

◈동작 순서(알고리즘)

✖ 경기에 필요한 동작을 프로그래밍해 봅시다.

✖ 게임 규칙에 따라 경기를 해 봅시다.

• 볼링 핀을 많이 쓰러뜨리기 위한 전략을 토의해 봅시다.

• 목표지점까지의 거리는 얼마인가요?

• 많은 핀을 쓰러뜨리기 위해 햄스터가 어떻게 움직여야 할까요?

✖ 게임 규칙을 바꾸어 봅시다.

• 게임을 하면서 불편했던 점은 무엇이 있을까요?

• 게임을 개선하기 위해 어떤 점을 바꾸면 좋을지 토의해 봅시다.

✿ 햄스터 로봇을 활용하여 룰렛 게임을 해 봅시다.

✖ 게임 규칙을 정하고 햄스터의 동작 순서를 생각해 봅시다.

◆경기 규칙

◆동작 순서(알고리즘)

✖ 게임에 필요한 동작을 프로그래밍 해 봅시다.

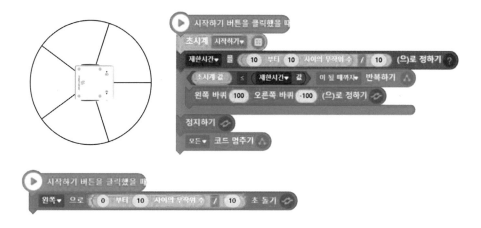

✖ 게임 규칙에 따라 놀이 활동을 해 봅시다.

• 결정 사항을 정하여 무작위 당첨 게임을 진행해 봅시다.

✖ 게임 규칙을 바꾸어 봅시다.

• 게임을 하면서 아쉬움을 느낀 점은 없었나요?
• 더 재미있는 게임을 즐기기 위해 규칙을 어떻게 바꾸면 좋을지 토의해 봅시다.

다양한 블록을 사용하여 햄스터 로봇을 제어해 봅시다.

✖ 여러 가지 블록을 활용하여 자율탐색 활동을 해 봅시다.

말판 앞으로 한 칸 이동하기	말판 위에서 한 칸 앞으로 이동합니다.
왼쪽▼ 바퀴 10 만큼 바꾸기	현재 바퀴의 속도 값에 입력한 값을 더합니다. (%)
왼쪽▼ 바퀴 30 (으)로 정하기	바퀴의 속도를 입력한 값(-100 ~ 100%)으로 설정합니다.

검은색▼ 선을 왼쪽▼ 바닥 센서로 따라가기

• 검은색: 흰색 바탕 위에서 검은색 선을 따라 이동합니다.
• 하얀색: 검은색 바탕 위에서 하얀색 선을 따라 이동합니다.

검은색▼ 선을 따라 앞쪽▼ 교차로까지 이동하기

• 선을 따라 이동하다가 교차로를 만나면 멈춥니다.
• 180° 뒤로 돌고 선 따라 이동하다 교차로를 만나면 멈춥니다.

버저 음을 10 만큼 바꾸기	• 선을 따라 이동하다가 교차로를 만나면 멈춥니다. • 180° 뒤로 돌고 선 따라 이동하다 교차로를 만나면 멈춥니다.
버저 음을 1000 (으)로 정하기	• 버저 소리의 음 높이를 입력한 값(Hz)으로 설정합니다. • 소수점 둘째 자리까지 입력할 수 있고 0을 입력하면 끕니다.
연주 속도를 20 만큼 바꾸기	• 연주하거나 쉬는 속도에 입력한 값을 더합니다.
연주 속도를 60 BPM으로 정하기	• 연주하거나 쉬는 속도에 입력한 값을 더합니다. • BPM는 분당 박자 수를 말합니다.

포트 A▼ 를 아날로그 입력▼ 으로 정하기

• 외부 확장 포트 중에서 포트 A(혹은 B)의 입출력 모드를 설정합니다.
• 아날로그 입력: 입출력 모드를 아날로그 입력(초기값 0, 0~255)으로 설정
• 디지털 입력: 입출력 모드를 디지털 입력(초기값 0, 0 또는 1)으로 설정
• 서보 출력: 입출력 모드를 아날로그 서보 출력(0~180°)으로 설정
• PWM 출력: 입출력 모드를 PWM 출력(0~100%)으로 설정
• 디지털 출력: 입출력 모드를 디지털 출력(0(LOW), 1(HIGH))으로 설정

출력 A▼ 를 10 만큼 바꾸기	• 외부 확장 포트 A(B)의 현재 출력 값에 입력한 값을 더합니다.
출력 A▼ 를 100 (으)로 정하기	• 외부 확장 포트 A(B) 출력 값을 입력한 값(0 ~ 255)으로 설정합니다.

3 근접 센서와 바닥 센서 활용하기

🤖 햄스터 로봇의 바닥 센서를 활용하여 이동하여 봅시다.

✖ 바닥 센서값을 활용하여 선 따라가기를 해 봅시다.

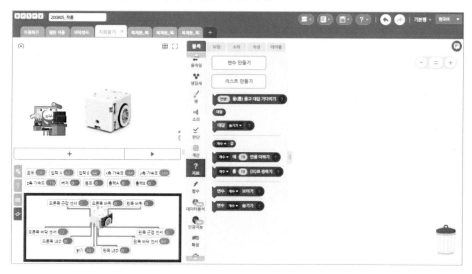

✖ 햄스터 로봇이 선을 따라갈 수 있도록 바닥 센서값의 기준을 정해 봅시다

• 선 색깔의 진하기에 따른 바닥 센서값의 변화를 알아봅시다.

색깔					
센서값					

바닥 센서값 기준 정하기: (   )

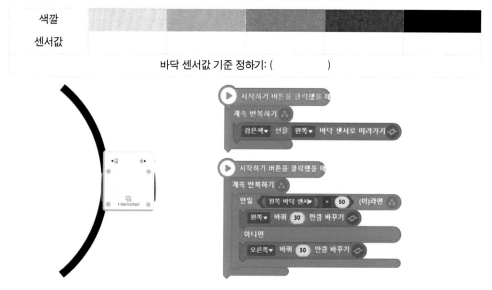

✘ 햄스터 로봇의 바닥 센서를 활용하여 태양계의 행성을 꾸며 봅시다.

	태양	수성	금성	지구	화성	목성	토성	천왕성	해왕성
반지름	109	0.4	0.9	1	0.5	11.2	9.4	4.0	3.9
거리	0	0.4	0.7	1	1.5	5.2	9.5	19.2	30

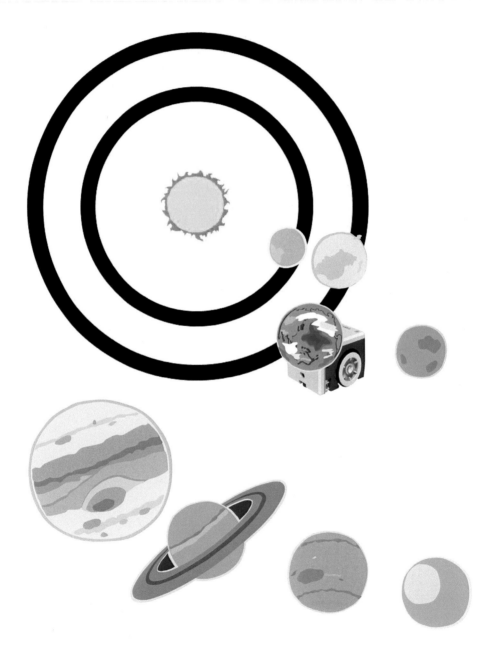

✖ 햄스터 로봇의 바닥 센서를 활용하여 지뢰찾기 게임을 해 봅시다.

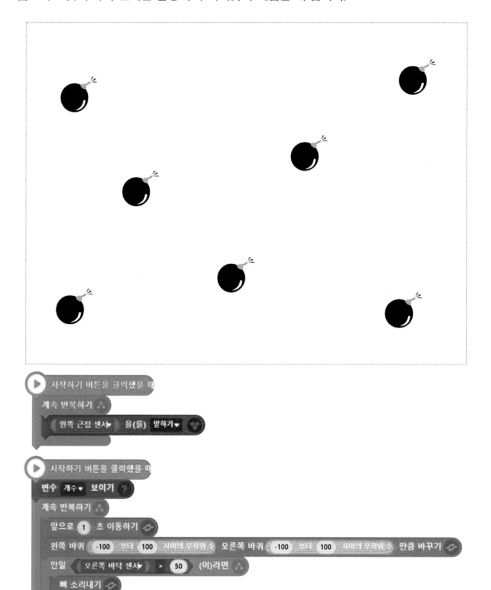

✖ 블록 명령어를 바꾸어 가며 활동해 봅시다.

• 불편한 점을 개선하거나 좀 더 재미있는 활동이 되려면 어떻게 바꾸어보는 것이 좋을까요?

![robot icon] 햄스터 로봇의 바닥 센서를 활용하여 청소 로봇을 만들어 봅시다.

✖ 햄스터 로봇이 방 전체를 지나갈 수 있는 방법을 생각해 봅시다.

  • 우리가 사용하는 청소 로봇의 작동 방법을 생각해 봅시다.

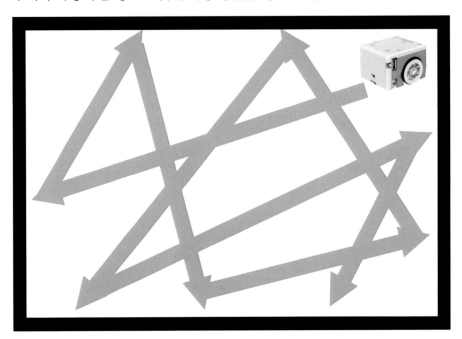

✖ 햄스터 로봇이 계속 전진하다가 경계선에 닿으면 방향을 돌려서 나아가도록 해 봅시다.

> ▶ 시작하기 버튼을 클릭했을 때
> 계속 반복하기
> 앞으로 1 초 이동하기
> 만일 〈 왼쪽 바닥 센서 〉 > 50 (이)라면
> 뒤로 0.5 초 이동하기
> 왼쪽▼ 으로 0.5 부터 2 사이의 무작위 수 초 돌기

✖ 청소 로봇의 다양한 진행방법을 구안하여 프로그래밍해 봅시다.

  • 더 효율적인 청소로봇이 되려면 로봇의 이동을 어떻게 바꾸어보는 것이 좋을
  까요?

🤖 햄스터 로봇의 근접 센서를 활용하여 이동하여 봅시다

✖ 햄스터의 바퀴값을 지정하여 전진과 후진을 해 봅시다.

✖ 햄스터가 감지하는 근접센서값을 확인해 봅시다.

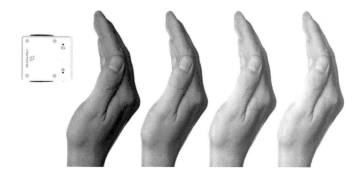

✖ 햄스터 로봇이 벽면과 일정한 간격을 유지하도록 센서값을 정해 봅시다.

1cm	3cm	5cm	7cm	10cm	15cm
근접 센서값 기준 정하기: ( )					

✖ 장애물에 가까이 가면 햄스터 로봇이 후진하게 해 봅시다.

햄스터 로봇의 근접 센서를 활용하여 미로찾기 활동을 해 봅시다.

✖ 반사판을 활용하여 봅시다.

• 옆쪽 방향으로 근접 센서를 활용하기 위해 반사판을 활용해 봅시다.

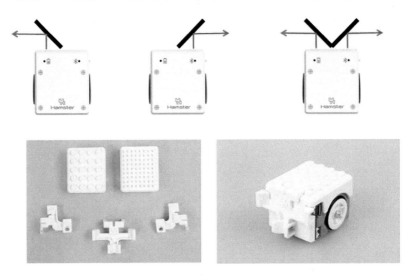

✖ 햄스터 로봇이 벽면과 일정한 간격을 유지하도록 센서값을 정해 봅시다.

• 햄스터 로봇의 왼쪽 근접 센서값이 커지면 왼쪽 바퀴값을 크게 주어 오른쪽
으로 방향을 돌립니다.
• 왼쪽 근접 센서값이 크지 않으면 다시 왼쪽 벽면과의 거리탐색을 위해 왼쪽
을 향하게 합니다.
• 결과적으로 맨 오른쪽과 같은 형태로 왼쪽 벽면을 감지하면서 전진합니다.

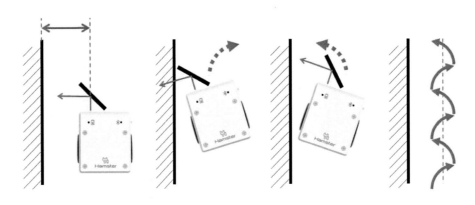

✖ 근접 센서값을 활용하여 벽면 따라가기를 프로그래밍 해 봅시다.

✖ 같은 방법으로 종이컵 주위 돌기를 해 봅시다.

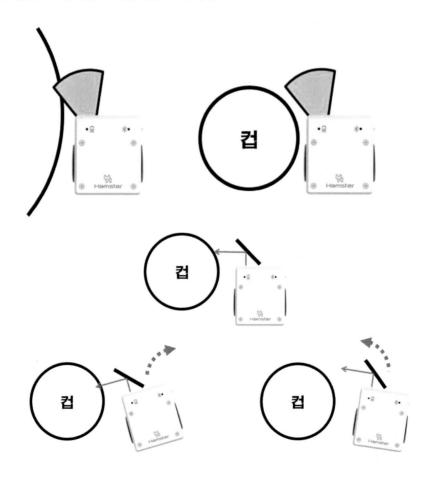

![로봇] **목표지점까지 햄스터가 미로를 탈출할 수 있는 전략을 토의해 봅시다.**

✖ 햄스터 경기용 미로판을 만들어 봅시다.

✖ 목표지점까지 햄스터가 미로를 탈출 할 수 있는 전략을 토의해 봅시다.

- 근접 센서를 어떻게 활용하면 좋을까요?
- 막힌 곳과 뚫린 곳을 어떻게 구분하여 이동하면 좋을까요?

```
시작하기 버튼을 클릭했을 때
계속 반복하기
  만일  왼쪽 근접 센서 > 오른쪽 근접 센서  (이)라면
    왼쪽 바퀴 50 오른쪽 바퀴 0 (으)로 정하기
  만일  왼쪽 근접 센서 < 오른쪽 근접 센서  (이)라면
    왼쪽 바퀴 0 오른쪽 바퀴 50 (으)로 정하기
  만일  왼쪽 근접 센서 > 30  그리고  오른쪽 근접 센서 > 30  (이)라면
    뒤로 3 초 이동하기
    오른쪽 으로 1 초 돌기
    앞으로 1 초 이동하기

마우스를 클릭했을 때
  정지하기
```

✖ 미로판을 바꾸어가며 경기를 해 봅시다.

- 게임을 하면서 잘되지 않았던 점은 무엇이 있을까요?
- 미로판을 잘 빠져나오기 위해 명령어를 어떻게 바꾸 면 좋을지 토의해 봅시다.
- 미로의 구조를 생각하여 코딩을 바꾸어 봅시다.

✖ 좌수법에 대해 알아봅시다.

좌수법은 왼쪽 손으로 왼쪽의 벽을 잡고 벽을 따라가는 길찾기 방법입니다. 어떠한 미로에도 다 통용되는 것은 아니고 미로의 가장 바깥쪽에 루프가 형성되어 있는 경우 목표 지점을 찾지 못할 수도 있습니다. 모든 미로에 통용되는 해결 방법은 깊이 우선 탐색이나 너비 우선 탐색, 다익스트라 알고리즘, A* 알고리즘 등인데, 이 방법들은 초등학생 수준을 넘어가기 때문에 한계가 있긴 하지만 초등 수준에서는 좌수법이 가장 적절한 것 같습니다(광운대학교 로봇학부 교수 박광현).

🤖 햄스터 로봇을 활용하여 이어달리기를 해 봅시다.

✖ 햄스터를 이용한 이어달리기 경기를 구상하여 봅시다.

✖ 목표지점까지 햄스터 계주를 완성할 수 있는 전략을 토의해 봅시다.

- 하나의 계주가 이어달리기는 구간은 얼마나 되나요?
- 이어달리기가 되려면 햄스터가 어떻게 움직여야 할까요?

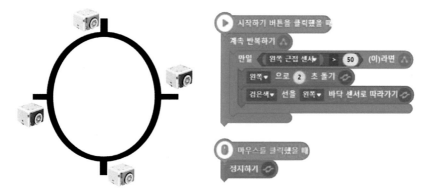

✖ 게임 규칙을 바꾸어 경기를 해 봅시다.

- 게임을 하면서 불편했던 점이나 보완하고 싶은 점은 무엇이 있을까요?
- 게임을 더 즐기기 위해 어떻게 바꾸면 좋을지 토의해 봅시다.

햄스터 로봇의 LED와 부저를 활용하여 봅시다.

✖ 햄스터로 〈반짝 반짝 작은 별〉을 연주하여 봅시다.

> 이 동요는 ABC를 처음 배울 때 부르는 'ABC 송'으로도 유명한 멜로디입니다. 프랑스 민요에 영국 시인 제인 테일러(Jane Taylor)의 시를 노랫말로 만든 동요 '반짝 반짝 작은 별(Twinkle, twinkle, little star)' 이 사랑 받으면서 이 곡은 전 세계적인 동요가 되었습니다. 모차르트가 같은 곡인 〈아, 어머님께 말씀드리죠 (Ah, vous dirai-je maman)〉에서 주제를 가져와 열두 개의 변주로 완성한 〈주제와 12개의 변주곡 (K.265)〉으로도 유명합니다.
> -참고 자료: 두산 어린이백과

반짝반짝 작은 별

도 도 솔 솔 라 라 솔　파 파 미 미 레 레 도

Twinkle, twinkle, little star,
How I wonder what you are!

솔 솔 파 파　미 미 레　솔 솔 파 파　미 미 레

Up above the world so high,
Like a diamond in the sky.

도 도 솔 솔 라 라 솔　파 파 미 미 레 레 도

Twinkle, twinkle, little star,
How I wonder what you are!

✖ 〈반짝 반짝 작은 별〉의 나머지 부분을 완성하여 봅시다.

✖ 함수를 사용하여 〈작은 별〉을 완주하여 봅시다.

- 같은 함수가 앞뒤로 2번 사용되는 것을 보면 A-B-A형식임을 알 수 있어요.

✖ 2대의 햄스터로 두 곡을 동시에 연주해 봅시다.

- 〈작은별〉과 〈똑같아요〉입니다.
- 서로 다른 곡이지만 코드의 진행이 같아서
  함께 연주해도 어울립니다

✖ 2대의 햄스터로 반주를 넣어 봅시다.

- 학생들이 알고 있거나 할 수 있는 반주를 넣어 보도록 합니다.
- 연주 방법을 선생님이 제시하기보다는 서로 토의하면서 자신에게 적당한 방법으로 정리되는 것이 좋습니다.

✖ 2대의 햄스터로 돌림노래를 연주해 봅시다.

- 시계'라는 노래를 함수로 작성합니다.
- 돌림노래가 되려면 두 번째로 연주를 시작하는 햄스터의 시작부분은 어떻게 코딩해야 할지 생각해보도록 합니다.

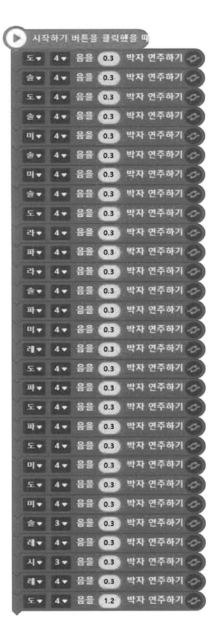

햄스터 로봇의 LED와 부저를 활용하여 봅시다.

✕ 이동하는 햄스터가 LED를 켜고 끄는 동작을 코딩해 봅시다.

✕ 단순 반복되는 동작은 함수를 활용하여 하나의 명령어로 만들어 봅시다.

✕ LED와 피에조 부저를 활용하여 두 대 이상의 햄스터로 군무를 만들어 봅시다.

🤖 햄스터 로봇의 LED와 부저를 활용하여 봅시다.

✖ 햄스터의 센서값을 이용하여 LED를 켜고 끄는 동작을 코딩해 봅시다.

• 가까이 가면 불이 켜지는 로봇을 프로그래밍해 봅시다.

• 주위가 어두워지면 불이 켜지는 로봇을 프로그래밍해 봅시다.

확장키트를 활용하여 LED를 제어해 봅시다.

 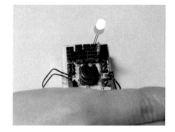

✖ 햄스터로 깜박이는 LED를 코딩해 봅시다.

```
▶ 시작하기 버튼을 클릭했을 때
포트 A▼ 를 디지털 출력▼ 으로 정하기
계속 반복하기
    출력 A▼ 를 1 (으)로 정하기
    1 초 기다리기
    출력 A▼ 를 0 (으)로 정하기
    1 초 기다리기
```

✖ 숨쉬는 LED를 코딩해 봅시다.

```
▶ 시작하기 버튼을 클릭했을 때
포트 A▼ 를 PWM 출력▼ 으로 정하기
출력 A▼ 를 0 (으)로 정하기
계속 반복하기
    50 번 반복하기
        출력 A▼ 를 5 만큼 바꾸기
    50 번 반복하기
        출력 A▼ 를 -5 만큼 바꾸기
```

✖ 어두우면 켜지는 LED를 코딩해 봅시다.

```
▶ 시작하기 버튼을 클릭했을 때
포트 A▼ 를 디지털 출력▼ 으로 정하기
계속 반복하기
    만일 밝기▼ < 50 (이)라면
        출력 A▼ 를 1 (으)로 정하기
        1 초 기다리기
    아니면
        출력 A▼ 를 0 (으)로 정하기
```

✖ 가까이 가면 켜지는 LED를 코딩해 봅시다.

```
▶ 시작하기 버튼을 클릭했을 때
포트 A▼ 를 디지털 출력▼ 으로 정하기
계속 반복하기
    만일 왼쪽 근접 센서▼ > 30 (이)라면
        출력 A▼ 를 1 (으)로 정하기
        1 초 기다리기
    아니면
        출력 A▼ 를 0 (으)로 정하기
```

🤖 확장키트를 활용하여 서보모터를 제어해 봅시다.

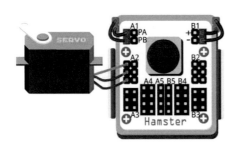 

✘ 버튼을 누르면 작동하는 청소기를 코딩해 봅시다.

```
시작하기 버튼을 클릭했을 때
포트 B▼ 를 디지털 입력▼ 으로 정하기
포트 A▼ 를 서보 출력▼ 으로 정하기
변수 숫자▼ 보이기
숫자▼ 를 1 (으)로 정하기
계속 반복하기
    만일 입력 B▼ = 0 (이)라면
        숫자▼ 를 ( 숫자▼ 값 × -1 ) (으)로 정하기
```

```
시작하기 버튼을 클릭했을 때
계속 반복하기
    만일 ( 숫자▼ 값 = -1 ) (이)라면
        출력 A▼ 를 10 (으)로 정하기
        1 초 기다리기
        출력 A▼ 를 180 (으)로 정하기
        1 초 기다리기
    아니면
        출력 A▼ 를 0 (으)로 정하기
```

✘ 버튼을 누르면 열리는 문을 코딩해 봅시다.

✘ 가까이 가면 열리는 문을 코딩해 봅시다.

• 서보모터의 각도는 0~180 사이입니다.

```
시작하기 버튼을 클릭했을 때
포트 B▼ 를 디지털 입력▼ 으로 정하기
포트 A▼ 를 서보 출력▼ 으로 정하기
계속 반복하기
    만일 입력 B▼ = 0 (이)라면
        출력 A▼ 를 90 (으)로 정하기
        5 초 기다리기
        출력 A▼ 를 180 (으)로 정하기
        1 초 기다리기
    아니면
        출력 A▼ 를 0 (으)로 정하기
```

```
시작하기 버튼을 클릭했을 때
포트 A▼ 를 서보 출력▼ 으로 정하기
계속 반복하기
    만일 ( 왼쪽 근접 센서▼ > 30 ) (이)라면
        출력 A▼ 를 90 (으)로 정하기
        5 초 기다리기
        출력 A▼ 를 180 (으)로 정하기
        1 초 기다리기
    아니면
        출력 A▼ 를 0 (으)로 정하기
```

확장키트를 활용하여 DC모터를 제어해 봅시다.

☒ 선풍기 로봇을 만들어 봅시다.

- 포트A에 DC모터를 연결합니다.
- 노란색(s), 빨간색(+), 갈색(-)에 맞추어 연결하고 긴 선을 정리해 줍니다.

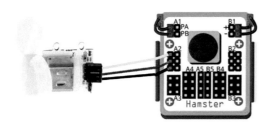 

☒ 버튼을 누르면 돌아가는 선풍기를 코딩해 봅시다.

☒ 가까이 가면 작동하는 선풍기를 코딩해 봅시다.

- 모터의 세기를 0~255까지 지정할 수 있습니다.

인공지능 블록을 사용해 봅시다.

✖ 블록꾸러미에서 〈인공지능〉을 선택하고 〈AI블록 불러오기〉를 해 봅시다.

✖ 〈오디오 감지〉를 선택하면 사용할 수 있는 블록이 나타납니다.

✖ 명령에 따라 LED를 켜고 끄는 로봇을 만들어 봅시다.

시작하기 버튼을 클릭했을 때
마이크를 연결하세요 을(를) 말하기▼
만일 마이크가 연결되었는가? (이)라면
마이크가 연결되었습니다 을(를) 말하기▼
계속 반복하기
음성 인식하기
음성을 문자로 바꾼 값 을(를) 말하기▼
만일 음성을 문자로 바꾼 값 = 불 켜줘 (이)라면
양쪽▼ LED를 하얀색▼ 으로 정하기
만일 음성을 문자로 바꾼 값 = 꺼 (이)라면
양쪽▼ LED 끄기

✖ 명령을 듣고 청소하는 로봇을 만들어 봅시다.

• 포트A에 서보모터를 연결합니다. 주황색(s), 빨간색(+), 갈색(-)에 맞추어 간단히 연결합니다.

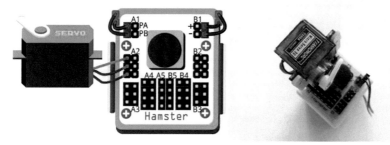

• 아래의 왼쪽 그림처럼 햄스터 실과 키트에 들어있는 서보모터 모듈을 사용할 수 있습니다.

• 서보모터를 사용할 경우에는 오른쪽 사진처럼 긴 선을 정리할 필요가 있습니다.

✖ 청소를 실행하는 순서를 정리하여 함수를 만듭니다.

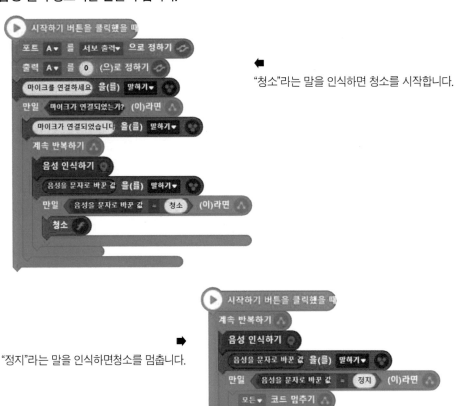

✖ 음성 인식 청소기를 만들어 봅시다.

"청소"라는 말을 인식하면 청소를 시작합니다.

"정지"라는 말을 인식하면 청소를 멈춥니다.

✖ 〈비디오 감지〉블록을 사용해 봅시다.

• 〈인공지능〉-〈AI블록 불러오기〉-〈비디오 감지〉를 선택합니다.

✖ 비디오 화면을 보면서 음성으로 열어주는 자동문을 만들어 봅시다.

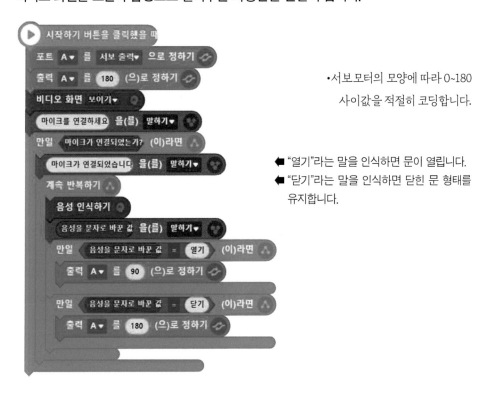

• 서보모터의 모양에 따라 0~180 사이값을 적절히 코딩합니다.

← "열기"라는 말을 인식하면 문이 열립니다.
← "닫기"라는 말을 인식하면 닫힌 문 형태를 유지합니다.

✖ 화면을 보면서 음성인식으로 열고 닫는 문을 실행시켜 봅시다.

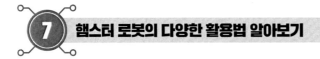
![햄스터 아이콘] 햄스터 로봇 실과키트를 활용해 봅시다.

✖ 소리를 듣고 켜지는 LED를 코딩해 봅시다.　　✖ 소리에 반응하는 청소기를 코딩해 봅시다.

집게와 펜 홀더를 사용해 봅시다.

✖ 재활용 분리로봇을 코딩해 봅시다.

✖ 패턴을 그려주는 로봇을 코딩해 봅시다.

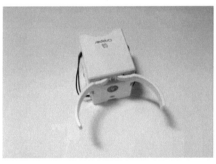

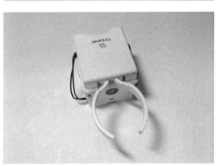

햄스터용 블록커버와 레고 블록으로 다양한 로봇을 만들어 봅시다.

[출처: 햄스터 스쿨 연수자료]

레고블록 　　　　　　　　　　　　　　　나노블록

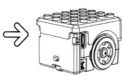

영화를 감상한 후 듣고 느낀 점을 나누어 봅시다.

✖ 모둠 친구들과 느낀 점을 나누고 나에게 중요한 말을 정리해 봅시다.

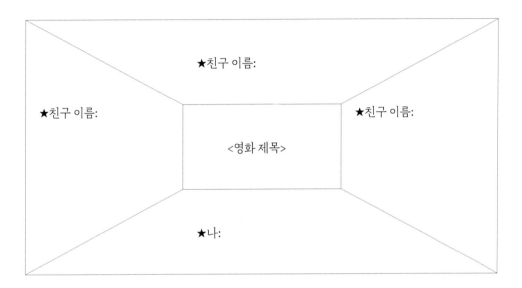

★친구 이름:

★친구 이름:

★친구 이름:

<영화 제목>

★나:

✖ 영화 속에서 가장 인상 깊었던 장면을 그림으로 나타내거나 글로 적어 봅시다.

9 역할극 꾸미기

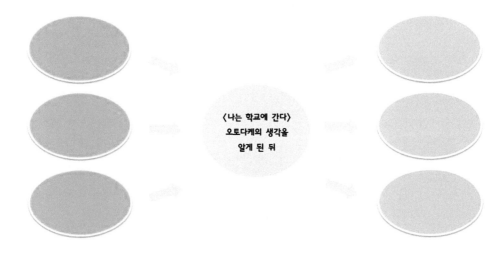

📺 책을 읽고 주인공의 생각을 알아봅시다.

✖ 〈나는 학교에 간다: 오토다케 히로타다〉를 읽고 생각이 바뀐 점을 발표해 봅시다.

〈나는 학교에 간다〉
오토다케의 생각을
알게 된 뒤

✖ 주인공의 생각이 잘 드러나게 인터뷰를 만들어 봅시다.

_____

_____

_____

_____

_____

_____

_____

_____

_____

_____

착한 로봇 설계하기

단원	〈도덕 통합〉 6학년 5-4. 나눔의 실천, 커 가는 행복			
학습 주제	배려하고 봉사하는 생활의 구체적인 방법을 알고 우리 사회와 이웃을 위한 봉사를 실천하기			
성취 기준	•주어진 프로그램을 수정하여 자신만의 프로그램을 만들 수 있다. •도623. 함께 살아가는 주위 사람들에 대한 공감과 배려의 필요성과 의미를 종합적으로 이해하고, 봉사하는 삶을 실천하려는 일관된 태도를 지닐 수 있다.			
핵심 역량	핵심역량 지식 정보처리, 창의적 사고, 의사소통, 공동체 창의인성 열정, 끈기, 확산적사고, 문제해결력, 논리분석력, 책임, 배려			
학습자료	햄스터 로봇, 컴퓨터, 확장키트, 실과키트, 집게, 미로반사판, 펜 홀더 등			

단계	실천체험 절차	학습 요소	교수·학습 과정	지도상의 유의점
도입	학습문제 인식 및 동기유발	학습 흥미 유발	•생활 속에서 사람을 배려하는 제품이나 로봇에 대해 이야기를 나누어본다.	•동영상 자료 '소나타 터쳐블 뮤직시트'광고를 보면서 기술의 목적에 대해 생각해보도록 한다. •수업용 PPT
		학습 주제 확인	•햄스터 로봇을 활용하여 사람을 도와주는 로봇을 설계해보자.	
전개	실천 체험 주제 설정 및 계획	체험 주제 설정하기	•우리 사회에서 이웃의 배려가 필요한 경우를 생각해보도록 한다. 어린이, 임산부, 노약자, 독거노인, 장애인, 다문화 가족, 새터민 등	•학생들이 생각하는 배려가 필요한 상황을 한가지씩 돌아가며 말하여 보게 한다. •필요한 명령어블록을 생각하여 학생들이 직접 선택하게 한다. •프로그래밍 활동지 •교육용 모바일앱
	실천체험 학습 활동의 실행	체험 활동 계획하기	•모둠별로 배려하고 싶은 대상과 필요한 로봇에 대하여 토의하여 정한다. •문제해결에 필요한 센서와 필요한 센서값에 따라 작동할 액추에이터를 토의하여 정한다. •센서값을 사용하여 어떠한 과정을 거쳐 액추에이터를 작동시킬 것인지 알고리즘으로 나타내어보도록 한다. •로봇을 구상하여 설계도를 작성한다.	
전개	실천 체험 결과 발표 및 도덕적 의지 강화	모둠별 활동하기	•모둠별로 햄스터 로봇을 연결하고 프로그램을 실행하여 작성한 순서도에 따라 프로그래밍한다. •동작시켜보고 오류를 수정하며 센서나 인공지능을 이용한 로봇을 만들어보도록 한다. •활동을 어려워하는 경우 교사가 제시한 알고리즘을 그대로 활용하도록 하고 프로그래밍 능력이 우수한 경우 자기만의 알고리즘으로 수정하여보도록 한다.	•서로 협력하여 모둠활동이 이루어질 수 있도록 격려한다. •학습지와 앱을 제공하여 어려운 부분은 따라 해보도록 한다. •크라우딩 펀드는 흥미를 유발하기 위한 내용이므로 이것이 주가 되지 않도록 한다.
		모둠별 제작 발표하기	•'로봇 크라우드 펀딩'을 안내하여 개최한다. -모둠별 제품을 발표하고 원하는 제품에 펀딩한다. -모금액을 발표하고 마무리한다.	
정리	정리 및 확대적용	실천의 생활화 다짐하기	•로봇을 만들면서 느낀 점을 나누어 보도록 한다. •더 많은 사람을 배려할 수 있는 다양한 아이디어를 모아본다.	•수업의 전과정에서 질의과 대답을 통한 피드백이 이루어지도록 한다.
평가 계획			•문제 해결에 필요한 알고리즘을 계획할 수 있는가? •모둠이 협력하여 사람들을 배려하는 로봇을 완성할 수 있는가?	

🤖 편견과 차별이 없는 세상을 만들기 위한 기술을 구안해 봅시다.

로봇 이름	
개발팀	
역할 분담	
준비물	
로봇의 기능과 알고리즘	■로봇 기능을 생각하여 프로그래밍 절차를 구안해 봅시다.
로봇의 형태	■로봇의 생김새나 모양을 스케치해 봅시다.
로봇의 좋은 점	■이 로봇은 어떤 점에서 훌륭한가요?
친구들의 반응	■우리 팀의 로봇 설계에 대한 친구들의 생각은 어떠한가요?
더 생각할 점	■다른 팀의 발표를 듣고 난 후 달라진 생각이 있다면 적어 봅시다.

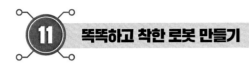

11 **똑똑하고 착한 로봇 만들기**

엔트리와 햄스터 로봇을 활용하여 사람을 돕는 착한 로봇을 완성해 봅시다.

✖ 로봇의 기능과 필요한 알고리즘을 구성하여 봅시다

★디자인과 기능

★프로그램 순서 (알고리즘)

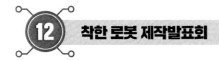

12 착한 로봇 제작발표회

🤖 다른 팀들의 발표를 듣고 의견을 나누어 봅시다.

✖ 여러 팀이 만든 로봇에서 새로운 가치를 발견해 봅시다.

- 팀별 발표 후 질의응답 시간을 통해 생각의 깊이를 더해보는 기회를 갖습니다.
- 좋은 점과 아쉬운 점을 함께 생각하고 당연하게 여기는 것을 비판적 관점에서 접근해 봅니다.
- 다른 팀의 발표 내용에 경청하고 자신의 가치관과 비교해보도록 합니다.

✖ 크라우드 펀딩(crowd funding)

- 모둠별로 지원금(100원~1000원)을 배분합니다.
- 학생들은 자신이 투자하고 싶은 제품에 펀딩 합니다.(상한가는 학급회의로 결정)
- 펀딩금을 가장 많이 받은 모둠에 지원금(보상이나 쿠폰)을 지급합니다.

🤖 다른 팀들이 만든 로봇을 평가해 봅시다.

팀 이름		제 점수는요	☆☆☆☆☆
로봇 이름			☆☆☆☆☆
평가 기준			
좋은 아이디어			
아쉬운 점			

✖ 많은 사람들이 참여하는 평가

- 학급 안에서만 평가가 이루어지기보다는 평가에 참여하는 사람들이 많은 것이 좋습니다.
- 많은 사람들의 반응을 얻을수록 평가에 대한 신뢰도가 높아집니다.
- 심사자는 교사가 정하여 학생들이 득점에 유리한 심사자를 선택하지 못하도록 합니다.

✖ 일정기간 동안 결과물 전시하기

- 가장 많은 별을 모은 팀에게는 적절한 보상을 제공하여 즐거움을 얻도록 합니다.
- 시연과 발표로 끝나는 것이 아니라 일정 기간 동안 학생들의 작품을 전시하여(학예회 등) 자신들이 만든 작품에 대한 자부심을 충분히 느끼도록 합니다.

🤖 제품 만들기의 전 과정에서 자신의 활동이 어떠했는지 돌이켜봅시다.

✖ 러닝로그

- 프로젝트 학습장(러닝로그)를 활용하여 자신의 학습 과정에 대한 성찰을 돕습니다.
- 학생들의 러닝로그를 교사의 관찰과 함께 평가 자료로 활용합니다.
- 참고자료: https://blog.naver.com/dulcinea012/222039623376

✖ 자기 상호 평가지

- 평가 준거별로 우리팀 동료평가(회색 칸)와 자기평가(흰색 칸)를 구분하여 기록합니다.
- 자신의 주관적 평가와 친구들의 객관적 평가를 비교해볼 수 있습니다.
- 평가 결과를 수량화하지 않고 앞으로의 활동 개선을 위한 자료로 활용하도록 합니다.

평가요소	평가 준거		
	상	중	하
프로그래밍 활동	순차와 조건 구조를 이해하여 문제 해결의 과정에 전략적으로 사용하였다.	모둠원의 협력과 선생님의 조언으로 문제해결을 위한프로그래밍을 완수하였다.	문제해결 절차를 구안하는데 어려움을 겪었고 프로그래밍을 완수하지 못하였다.
참여와 태도	프로젝트 전 과정에 적극적으로 참여하고 자신의 역할을 열심히 하였다.	프로젝트 과정에 빠짐 없이 참여하였으나 역할 수행에서 노력이 다소 부족했다.	프로젝트 활동에 소극적으로 참여하고 제 역할을 하지 못했다.
흥미와 관심	자신의 관심과 적성에 따라 능동적으로 주제와 활동을선택하였다	대체로 팀원의 권유와 의견에 따라 주제와 활동을 선택하였다.	나의 의지와 상관없는 선택이었고 활동에 주도적으로 임하지 못했다.
산출물 제작	모둠원과 협력하여 햄스터 로봇을 활용한 창의적인 로봇을 계획하고 완성하였다.	햄스터를 활용하여 사람을 돕는 로봇을 계획하였으나 완성도가 다소 미흡하다.	계획에서 완성까지 협력과 노력이 다소 부족하여 로봇을 완성하지 못했다.
경청과 평가	다른 팀의 발표를 귀기울여 듣고 로봇의 장단점을 분석할 수 있었다.	다른 팀의 발표를 들었으나 특별한 점을 찾을 수 없었다.	다른 팀의 발표 내용에 귀 기울여 듣지 못했다.
새로운 가치의 내면화	프로젝트 활동 과정에서 배려의 가치와 공감의 중요성을 생각하게 되었다.	프로젝트 활동의 과정을 통해 나의 가치관을 되돌아보게 되었다.	프로젝트 활동 과정에서 새롭게 깨달은 점은 없었다.
프로젝트 탐구를 통해 성장한 것			
학생들의 별점			
선생님 총평			

6장

비트브릭

비트브릭은 한국의 미디어랩 출신 석박사 연구원들이 '사용은 쉽게, 결과물은 다양하게' 하기 위해 만든 소프트웨어 학습 도구입니다. 스크래치나 엔트리를 이용하여 산출물을 구현할 수 있으며 앱인벤터를 활용하여 앱으로도 제어가 가능하기 때문에 사용이 쉬우면서도 확장성이 뛰어난 교구라고 할 수 있습니다. 비트브릭은 모든 부품이 모듈 형태로 만들어져 있어 어려운 하드웨어 개념이나 부품에 대한 지식이 없더라도 레고를 조립하듯 직관적으로 맞추고 끼우기 식의 연결로 손쉽게 피지컬 컴퓨팅 활동을 할 수 있는 장점을 가집니다. 햄스터 로봇과 마찬가지로 블루투스를 사용할 수 있어 컴퓨터와 무선통신으로 작동이 가능하고 비트브릭 공식카페[1]에서 다양한 자료 제공과 문제해결 방법을 지원받을 수 있습니다.

햄스터 로봇	비트브릭	아두이노
• 블루투스 연결 사용(무선) • 충전 가능	• 블루투스 연결 사용 가능 • 유무선 사용 가능 • 앱으로 제어 가능 • 충전 불가	• 블루투스, 와이파이 사용 가능 • 유무선 사용 가능 • 앱으로 제어 가능 • 충전 불가 • 컴퓨터와 통신이 끊어져도 전력만 공급하면 프로그램 작동

햄스터 로봇은 전력 충전 후 사용이 가능하지만 컴퓨터와 하드웨어 연결(블루투스 동글 페어링)이 끊어지면 작동하지 않습니다. 반면 비트브릭과 아두이노는 모두 유무선 연결이 가능하지만 충전 기능이 없기 때문에 컴퓨터와 연결하거나 건전지로 실시간 전력을 공급해야 합니다. 비트브릭과 아두이노 모두 앱인벤터를 활용하여 앱을 만들어 동작을 제어할 수 있지만 그 방법은 전혀 다르며, 아두이노 경우 블루투스뿐 아니라 와이파이 연결도 가능합니다. 사용법이 다소 까다로움에도 불구하고 아두이노가 많이 활용되는 이유는 아두이노는 보드에 프로그램을 업로드한 후 건전지로 전력만 공급해주면 프로그램대로 작동되는 완전히 독립된 제품을 만들 수 있기 때문입니다. 본론으로 돌아와서 비트브릭은 모듈 형태의 부품으로 보드 단자와 부품 연결이 간편하고 모양을 보고 직관적으로 회로를 구성할 수 있기 때문

---

1) https://cafe.naver.com/thebitbrick/

에, 학생들이 하드웨어 조립에 대한 부담을 덜고 프로그래밍 활동에 전념할 수 있습니다. 센서값을 읽어들여 작동 조건을 지정하여 코딩하면 우리 생활에서 센서가 작동하는 원리를 쉽게 구현해볼 수 있습니다.

[비트브릭 참고 자료]
- https://blog.naver.com/dulcinea012-프로젝트 수업자료- 5. 비트브릭
- https://blog.naver.com/dulcinea012-소프트웨어 수업자료- 비트브릭 수업자료-1, 2
- https://blog.naver.com/dulcinea012/222042437251
- https://blog.naver.com/dulcinea012/221801934224
- https://blog.naver.com/dulcinea012/221801949646

✪ 프로젝트 개요

프로젝트 주제	다양한 센서를 이용하여 창의적인 소품을 만들어보자		
프로젝트 목표	이 프로젝트는 창의적인 소품 만들기에 소프트웨어 요소를 융합한 것으로 우리 생활에서 사용되는 거의 모든 전자 제품에 들어있는 소프트웨어와 프로그램을 몸소 체험하고, 발명 기법을 활용하여 그것을 좀 더 편리하게 사용할 수 있는 제품을 창의적으로 구안하여 제작하는 데 중점을 두고 있다. 프로그래밍의 기본원리를 바탕으로 모둠원이 협력하는 과정에서 아이디어 공유와 소통, 새로운 시각과 융합적 사고를 통해 문제를 창의적으로 해결하거나 재창조하는 능력을 기르도록 한다.		
대상 학년	6학년	프로젝트 유형	디자인 챌린지
산출물 형태	다양한 센서를 이용한 창의적인 소품 만들기		

✪ 교과 및 성취기준

교과	성취기준
실과	[6실04-08] 절차적 사고에 의한 문제 해결의 순서를 생각하고 적용한다. [6실04-09] 프로그래밍 도구를 사용하여 기초적인 프로그래밍 과정을 체험한다. [6실04-11] 문제를 해결하는 프로그램을 만드는 과정에서 순차, 선택, 반복 등의 구조를 이해한다. [6실05-03] 생활 속에 적용된 발명과 문제해결의 사례를 통해 발명의 의미와 중요성을 이해한다. [6실05-04] 다양한 재료를 활용하여 창의적인 제품을 구상하고 제작한다. [6실04-07] 소프트웨어가 적용된 사례를 찾아보고 우리 생활에 미치는 영향을 이해한다.
미술	[6미01-05] 미술 활동에 타 교과의 내용, 방법 등을 활용할 수 있다. [6미02-02] 다양한 발상 방법으로 아이디어를 발전시킬 수 있다.
성취기준 재구성	[활동 주제] 창의적인 소품 만들기 [성취기준] 비트브릭을 활용하여 기존의 소품에 창의적인 아이디어를 가미한 새로운 생활소품을 만든다.
2015개정 핵심역량	자기관리, 정보처리, 창의적 사고, 심미적 감성, 의사소통, 공동체 역량
일반화 지식	기술의 발달과 발명은 인류의 생활 양식을 변화시킨다.

⭐ 프로젝트 수업 흐름

본 프로젝트에서는 초등 소프트웨어 교육과정에서 제시하는 순차, 반복, 선택을 사용하는 가장 단순한 구조의 알고리즘을 사용하여 창의적인 소품 만들기를 진행하였습니다. 센서값의 조건에 따라 동작이 분기되는 선택구조가 들어있지만 그 구조가 매우 단순하기 때문에 프로그래밍을 어려워하는 학생들도 큰 부담 없이 참여할 수 있고 프로그래밍 능력이 뛰어난 학생들은 기본 코드를 응용해서 새로운 프로그램을 구안해볼 수 있는 활동입니다. 실과 교과의 소프트웨어와 프로그래밍, 발명과 창의적인 소품 만들기에 배당된 시수가 충분하여 '생활 속 소프트웨어' 단원과 '발명과 로봇' 단원을 통합하여 본 프로젝트 수업을 진행할 수 있습니다.

이 활동에서는 소품 디자인과 만들기에 많은 시간이 소요되기 때문에 효율적인 시간 운용이 필요하였습니다. 따라서 모둠별 목재나 하드보드, 포맥스판 등 자신들이 원하는 재료를 활용하여 주어진 시간에 할 수 있는 방법을 선택하여 제품을 구상하도록 하였습니다. 만들기에 큰 부담을 느끼는 팀은 자신이 가지고 있는 소품을 활용하여 만들기에 지나친 에너지를 투여하지 않도록 하였습니다.

교사 1인이 많은 학생들과 프로그래밍 수업을 하다보면 1:1로 적시에 도와주기 어렵습니다. 비슷한 질문을 반복적으로 받으면서 수업 흐름이 끊기기도 하고 학생들의 이해도에 따라 설명이 길어지는 경우도 있기 때문에 비트브릭, 아두이노, 릴리패드 수업에서는 동영상, 학습지, 학습 어플(apk 파일을 핸드폰에 심어주거나 학교 태블릿 이용) 등을 적극 활용하였습니다. 어플이나 동영상을 확인하면서 각자 개별학습을 하고 산출물을 위해 토의하고 협력하게 되면서 교사의 수업 부담은 줄고 학생들의 실제 학습시간은 늘어나는 효과가 있었습니다.

✪ 프로젝트 차시 계획

순서	활동 내용	시수
1	[실과] 비트브릭 알아보기 -비트브릭과 엔트리 프로그램 연결하기, 비트브릭 입력, 제어, 출력 과정 알아보기 -비트브릭 메인보드와 입출력 모듈 살펴보기	1
2	[실과] 여러 가지 센서 알아보기 -우리 생활에서 사용되는 여러 가지 센서 알아보기 -여러 가지 제품에 사용되는 센서와 소프트웨어의 활용에 대해 이해하기	1
3	[실과] 빛센서, 거리 센서, LED 사용하기 -어두워지면 불이 켜지는 가로등의 원리 알아보기 -사람이 가까이가면 불이 켜지는 센서등의 원리 알아보기	1
4	[실과] 거리 센서, 서보모터, DC모터 사용하기 -자동차가 다가가면 열리는 주차 차단기의 원리 알아보기 -사람이 가까이 가면 돌아가는 선풍기의 원리 알아보기	1
5	[실과] 소리 센서, LED 사용하기 -버튼을 누르면 불이 켜지고 꺼지는 취침등의 원리 알아보기 -소리가 들리면 불이 켜지는 취침등 원리 알아보기	1
6	[실과] 진동 센서, LED, 부저 사용하기 -진동이 감지되면 경고등과 경보음이 들리는 경보기의 원리 알아보기	1
7	[실과] 발명을 통한 문제해결 사례 알아보기 -생활 속의 발명품과 여러 가지 발명기법 알아보기	2
8	[실과] 창의적인 제품 구상하고 제작하기 [미술] 창의적인 소품을 디자인하여 만들기	4
9	[미술] 편리하고 아름다운 생활용품 만들기 -개선이 필요하다고 생각되는 생활용품 생각해보기 -아름답고 창의적인 생활용품 만들기	2
10	[실과] 다양한 센서를 활용하여 생활 소품 완성하기 -완성된 소품 발표하고 평가하기	2

✪ 평가 계획

단계	수행 기준		
계획	• 자신의 생활과 관련된 창의적인 소품을 구상할 수 있는가? • 기존의 제품에 발명 요소를 가미하여 새로운 소품으로 변화시킬 수 있는가?		
	도달도	**피드백**	**재도전 결과**
	도달 ( )　미도달 ( )		
성장 과정	• 팀원과 원만한 관계를 유지하고 협력하여 소품 만들기에 참여하는가? • 문제해결 과정에서 어려움을 겪은 부분에 대해 적절한 조언과 도움을 구하는가? • 팀 내에서 자신이 맡은 역할에 대해 책임을 다하는가?		
	도달도	**피드백**	**재도전 결과**
	도달 ( )　미도달 ( )		
	도달 ( )　미도달 ( )		
최종 산출물	• 팀원과 함께 끝까지 노력하여 공동의 결과물을 완성하였는가? • 토의 과정을 거쳐 결과물을 창의적으로 발전시킬 수 있었는가? • 센서의 성질을 적절히 활용하여 새로운 소품을 탄생시켰는가?		
	도달도	**피드백**	**재도전 결과**
	도달 ( )　미도달 ( )		
공유 및 성찰	• 자신과 친구들의 학습 과정에 대한 피드백을 생성하는가? • 프로젝트의 전 과정에서 자신의 아이디어를 발전시키거나 발상의 전환을 할 수 있는가?		
	도달도	**피드백**	**재도전 결과**
	도달 ( )　미도달 ( )		
평가방법	포트폴리오, 러닝로그를 활용한 지필평가, 상호관찰평가, 자기평가		

1 비트브릭 사용 방법 알아보기

🤖 엔트리 프로그램과 연결하기

✖ 비트브릭을 엔트리 프로그램과 연결하기

• 비트브릭 전원 버튼 옆 마이크로 5핀 단자를 찾습니다.

• 5핀 단자에 연결선을 꽂고 반대편을 컴퓨터 USB 단자에
꽂아서 보드와 컴퓨터를 연결합니다.: 전원버튼으로 켜고
끄기, 영점조절하기, 라인 감지 조건

• '띠링' 소리와 함께 비트브릭 보드에 전원이 들어옵니다.

• 엔트리 프로그램을 실행하고 블록꾸러미에서 <하드웨어>
를 클릭합니다.

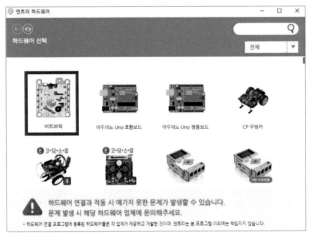

• <연결 프로그램 열기>를 클릭하고 연결하고자 하는 비트브릭 보드를 선택합니다.

•비트브릭 보드와의 연결을 위한 드라이버를 설치합니다.

•<연결 성공>이 보이면 프로그래밍 준비 완료입니다.

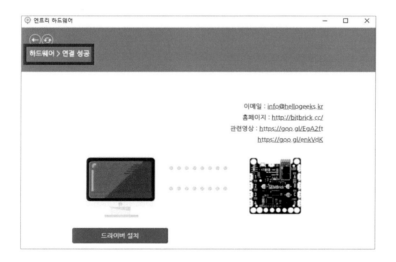

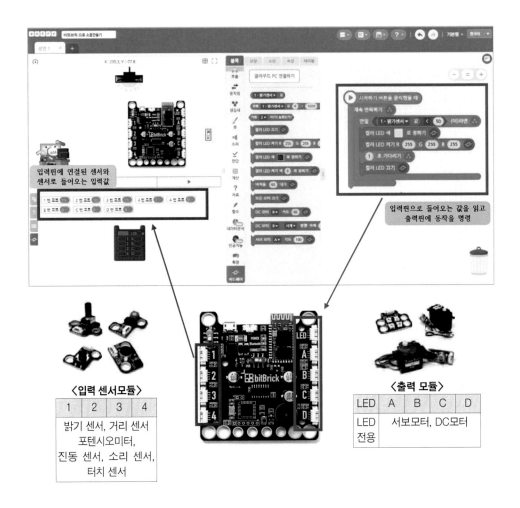

〈입력 센서모듈〉

1	2	3	4
밝기 센서, 거리 센서			
포텐시오미터,			
진동 센서, 소리 센서,			
터치 센서			

〈출력 모듈〉

LED	A	B	C	D
LED 전용	서보모터, DC모터			

✖ 작동 원리

프로그램을 실행하여 비트브릭 보드를 연결하면 앞의 화면이 나타납니다. 1~4 포트에 센서 모듈을 연결하면 포트에 장면창 아래의 <오브젝트 창>에 연결된 센서와 센서값이 표시됩니다.

엔트리를 통한 비트브릭의 동작 원리는 다음과 같습니다. 컴퓨터 프로그램(엔트리)과 비트브릭은 실시간으로 통신을 하는데, 비트브릭 쪽에서 다양한 센서 값을 컴퓨터로 보내고 컴퓨터에서 실행되는 엔트리에서는 비트브릭에 작동할 명령을 전송합니다. 비트브릭에서 센서의 데이터를 입력받는 곳은 1, 2, 3, 4번 포트이고, 엔트리는 1, 2, 3, 4 포트를 통해 들어오는 입력값에 따라 비트브릭 LED, A, B, C, D 포트에 특정 동작을 명령하게 되지요.

엔트리에서는 다음과 같은 명령을 내릴 수 있습니다.

명령블록	실행
1 - 밝기센서▼ 값	1~4번 포트 센서값 지정
변환 1 - 밝기센서▼ 값 0 - 1023 에서 -100 - 100	센서값 변환
버튼 2▼ 이(가) 눌렸는가?	포트 신호값 확인
컬러 LED 끄기 ⟳	LED 끄기
컬러 LED 커기 R 255 G 255 B 255 ⟳	LED 색을 RGB 색상코드로 지정
컬러 LED 색 ■ 로 정하기 ⟳	LED 색을 팔레트로 지정
컬러 LED 커기 색 0 로 정하기 ⟳	LED 색을 색상코드로 지정
버저음 60 내기 ⟳	음정 정하기
모든 모터 끄기 ⟳	모터 정지
DC 모터 B▼ 속도 60 ⟳	DC모터 속도 지정
DC 모터 B▼ 시계▼ 방향 속력 100 ⟳	DC모터 방향 속력 지정
서보 모터 A▼ 각도 100 ⟳	서보모터 각도

🤖 비트브릭 메인보드와 입출력 모듈 살펴보기

✖ 비트브릭 보드의 부품과 기능을 살펴봅시다. (출처 : http://bitbrick.cc)

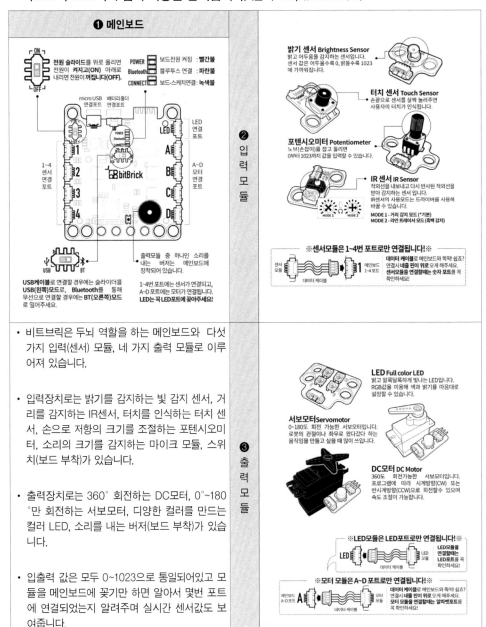

• 비트브릭은 두뇌 역할을 하는 메인보드와 다섯 가지 입력(센서) 모듈, 네 가지 출력 모듈로 이루어져 있습니다.

• 입력장치로는 밝기를 감지하는 빛 감지 센서, 거리를 감지하는 IR센서, 터치를 인식하는 터치 센서, 손으로 저항의 크기를 조절하는 포텐시오미터, 소리의 크기를 감지하는 마이크 모듈, 스위치(보드 부착)가 있습니다.

• 출력장치로는 360° 회전하는 DC모터, 0°~180°만 회전하는 서보모터, 다양한 컬러를 만드는 컬러 LED, 소리를 내는 버저(보드 부착)가 있습니다.

• 입출력 값은 모두 0~1023으로 통일되어있고 모듈을 메인보드에 꽂기만 하면 알아서 몇번 포트에 연결되었는지 알려주며 실시간 센서값도 보여줍니다.

❶
메인보드

사람의 두뇌 역할을 하는 보드로 엔트리에서 작성한 프로그램대로 입력(센서)모듈과 출력모듈을 제어합니다.

- 비트브릭 메인보드에는 입력모듈과 출력모듈을 연결하는 포트가 구분되어 있습니다.
- 숫자로 표기된 1, 2, 3, 4번 포트에는 센서를 연결합니다.
- 알파벳으로 표기된 A, B, C, D 포트에는 모터를 연결합니다.
- LED로 표기된 포트에는 LED 모듈을 연결합니다.

❷
입력모듈

각 센서의 특성에 따라 감지할 수 있는 여러 가지 정보를 숫자값으로 바꾸어 줍니다. 각 센서값은 데이터 케이블을 통해 메인보드로 전달됩니다.

- 버튼
  - 손끝으로 버튼을 살짝 눌러주면 사용자의 버튼상태 인식됩니다.
  - 버튼을 누르거나 떼면서 버튼 상태값을 입력받아 이에 따른 처리를 할 수 있습니다.
  - 버튼이 눌러진 상태와 눌러지지 않은 상태 두 가지 상태만을 입력할 수 있습니다.
- 가변저항
  - 노브(손잡이)를 잡고 돌리면 0부터 1023까지의 값을 입력할 수 있습니다.
  - 손잡이의 회전에 따라 입력 값이 달라져 연속적으로 변하는 값을 손잡이 위치로 제어합니다.
- 거리 센서
  - 적외선을 내보내고 다시 반사된 적외선을 감지하는 센서입니다.
  - 다른 물체와 거리를 측정하거나 색에 따른 반사 정도를 이용해서 흑백을 감지할 수 있습니다.
  - 센서에 손바닥을 대고 가깝거나 멀게 하면서 센서값을 관찰할 수 있습니다.
- 밝기 센서
  - 밝고 어두움을 감지하는 센서입니다.
  - 센서값은 어두울수록 0, 밝을수록 1023에 가까워집니다.
  - 센서를 가려서 어둡게 하거나 센서에 빛을 비춰 밝게 하면서 값을 관찰할 수 있습니다.

❸
출력모듈

메인보드에 연결되어 있으면서 엔트리에서 작성한 코드에 따라 동작합니다.

- LED (Full color LED)
  - 알록달록하게 빛나는 LED입니다.
  - RGB(빨강, 초록, 파랑)값을 섞어 빛의 색과 밝기를 마음대로 설정할 수 있습니다.
- 버저
  - 소리를 내는 버저는 메인보드에 장착되어 있습니다.
  - 0~96의 숫자를 사용하여 8옥타브음계를 소리로 표현할 수 있습니다.
- DC모터
  - 360도 회전 가능한 모터입니다.
  - 시계방향(CW) 반시계방향(CCW)으로 회전할 수 있으며 속력조절이 가능합니다.
- 서보모터
  - 0~180도 회전 가능한 서보모터입니다.
  - 로봇의 관절이나 좌우로 왔다 갔다 하는 움직임을 만들고 싶을 때 많이 쓰입니다.

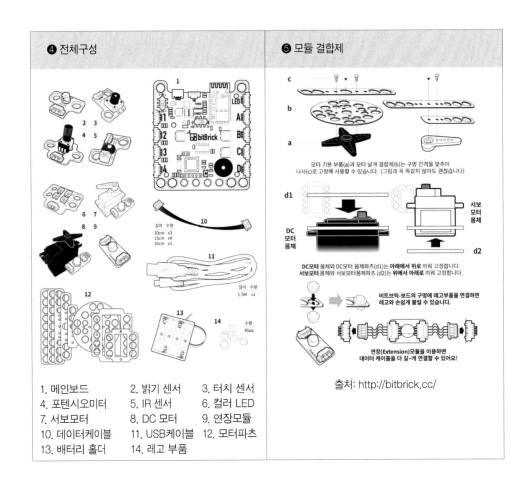

❹ 전체구성

1

2 3
4 5
6 7
8 9

10
길이 수량
10cm x3
15cm x4
25cm x1

11
길이 수량
1.5M x1

12

13

14   수량
45ea

1. 메인보드   2. 밝기 센서   3. 터치 센서
4. 포텐시오미터   5. IR 센서   6. 컬러 LED
7. 서보모터   8. DC 모터   9. 연장모듈
10. 데이터케이블   11. USB케이블   12. 모터파츠
13. 배터리 홀더   14. 레고 부품

❺ 모듈 결합제

c

b

a

모터 기본 부품(a)과 모터 날개 결합체(b)는 구멍 간격을 맞추어
나사(c)로 고정해 사용할 수 있습니다. (그림과 꼭 똑같지 않아도 괜찮습니다)

d1   서보
                                        모터
                                        몸체
DC
모터
몸체   d2

DC모터 몸체와 DC모터 몸체파츠(d1)는 아래에서 위로 끼워 고정합니다.
서보모터 몸체와 서보모터몸체파츠 (d2)는 위에서 아래로 끼워 고정합니다.

비트브릭-보드의 구멍에 레고부품을 연결하면
레고와 손쉽게 붙일 수 있습니다.

연장(Extension)모듈을 이용하면
데이터 케이블을 더 길~게 연결할 수 있어요!

출처: http://bitbrick.cc/

2 여러 가지 센서 알아보기

단원		6학년 4-3. 로봇의 기능과 구조		
학습 주제		우리 생활에서 사용되는 센서 알아보기		
성취 기준		•6실04-07.소프트웨어가 적용된 사례를 찾아보고 우리 생활에 미치는 영향을 이해한다. •6실05-06.생활 속에서 로봇 활용 사례를 통해 작동 원리와 활용 분야를 이해한다.		
핵심 역량		핵심역량 지식 정보처리, 창의적 사고, 의사소통 창의인성 호기심, 흥미, 확산적사고, 상상력, 책임		
학습 자료		필기도구, 스마트폰, 컴퓨터 등		
단계	학습 절차	학습 요소	교수·학습 과정	지도상의 유의점
도입	목적 설정	학습 흥미 유발	•스마트폰에 들어있는 센서에는 어떤 것이 있는지 이야기를 나누어 본다. -자이로스코프 센서, 가속도 센서, 중력 센서 -빛(조도) 센서, 터치 센서, 근접 센서 GPS 센서	•사진 자료 : 스마트폰을 사용할 때 작동되는 센서들 •동영상 자료: 현관센서 등, 화재경보기, 냉장고 문열림 경고음, 자동문, 접촉센서 조명)
		주제 제시	•우리 생활에 사용하는 여러 가지 센서에 대해 조사해보도록 한다.	
전개	계획	수행 방법 알아보기	•우리 주변의 장소(가정, 학교, 공공장소 등)를 기준으로 모둠원의 역할 분담하고 조사 계획 세우기 •계획에 따라 컴퓨터나 휴대전화 검색, 도서 검색 등을 통하여 정보 찾기 •조사한 정보 정리하고, 분류하기 •반 전체가 조사한 정보를 공유하기	
		모둠별 계획하기	•모둠원의 역할 분담하고 조사 계획 세우도록 한다. •협력을 통해 제한된 시간 안에 다양한 정보를 수집할 수 있도록 한다.	•센서 조사 학습지, 컴퓨터, 휴대전화, 도서 등 •우리 주변에서 사용되는 센서를 스스로 조사하여 학생 주도적인 수업이 될 수 있도록 한다. •서로의 생각을 존중하여 확산적 사고를 유도하되 실현가능하고 의미 있는 상상을 할 수 있도록 유도한다.
	실행	모둠별 활동하기	•조사 계획에 따라 모둠별 조사활동을 실시한다. •모둠별로 조사한 내용을 활동지에 정리하고 밴드에 공유하거나 발표 준비를 하도록 한다.	
정리	평가		•배운 내용을 정리하며 새롭게 알게 된 점을 이야기 나누도록 한다. •앞으로 새로 생겨날 여러 가지 센서를 상상해 보도록 한다. •차시 예고-센서를 활용한 프로그래밍 해보기로 한다.	•더욱 편리한 생활을 위해 앞으로 생겨났으면 하는 센서의 기능을 상상해 보고 이야기를 나눈다.
	스스로 평가하기		•전자제품과 우리 생활에서 사용되는 센서의 작동 사례를 말할 수 있는가? •센서의 동작이 소프트웨어 및 프로그래밍에 적용됨을 인지하는가?	•수업의 전과정에서 질의 응답을 통한 피드백이 일어나도록 한다.

[수업 성장 노트] 생활에서 사용되는 센서의 기능과 작동 과정에 대해 생각해보게 함으로써 열, 빛, 동력 등의 형태로 이용되는 전자 제품의 원리를 알고 그 과정에서 소프트웨어가 사용된다는 것을 알게 한다. 앞으로 어떤 센서가 생겨났으면 좋을지 노인고독사, 미투 운동, 남북정상회담 등 사회적 이슈니 문제와 관련하여 자유로운 발상을 펼쳐보게 한다.

 **수업 도움자료를 활용해 봅시다.**

✖ 블로그 https://blog.naver.com/dulcinea012/222042437251

✖ 학습 앱 - apk 파일을 핸드폰에 저장하여 학습 순서를 앱을 사용합니다.

✖ 유튜브 동영상 - 동영상을 활용하여 비트브릭 사용방법을 알아보고 참고 작품을 감상합니다.

✖ QR코드 - 핸드폰으로 동영상과 관련 사진을 볼 수 있습니다.

✖ **실물자료**

• 비트브릭 학습을 위해 나무나 포맥스판, 혹은 3D 프린팅을 활용한 자료를 만들 수 있습니다.

• 포맥스판은 접착과 절단, 재료 부착 등의 가공이 손쉽고 흰색의 경우 원하는 채색도 가능하므로 창의적인 작품 완성에 활용하기 좋습니다.

• 프로젝트 과정에서 학생들의 생각이 많이 바뀌기 때문에 다양한 자료에 보드를 붙여보는 활동이 좋습니다.

• 자신의 방에 있는 액자나 정리함 등 작은 소품을 가져와서 보드를 활용해보고 아이디어를 완성해나가는 것도 좋습니다.

어두우면 불이 켜지는 가로등의 원리를 알아봅시다.

✘ 밝기 센서를 알아봅시다.

• 밝기 센서의 원리
조도 센서는 저항의 일종으로 외부 빛의 밝기에 의해 저항값이 결정됩니다. 빛이 강하면 저항 값이 낮아지고(센서값↑), 빛이 약하면 저항 값이 높아집니다(센서 값↓). 밝기에 따라 달라지는 아날로그성 신호를 만들어 내므로 이러한 성질을 이용하여 프로그래밍할 수 있습니다.

✘ 센서 모듈과 출력 모듈을 연결해 봅시다.

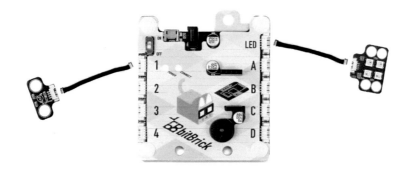

• 1번 출력 포트에 밝기 센서를 연결합니다.

• LED출력 포트에 LED를 연결합니다.

✘ 주위가 어두워지면 불이 켜지는 가로등의 작동 순서도를 작성해 봅시다.

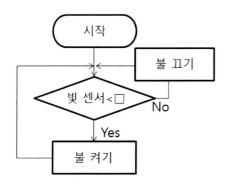

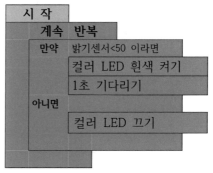

✖ 프로그래밍 동작을 확인합니다.

 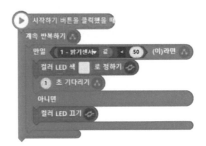

• 밝기 센서를 손으로 가렸다 거두었다 하며 LED 동작을 확인합니다.

✖ 밝기 센서를 활용한 소품 아이디어를 생각해 봅시다.

✖ 발상의 전환으로 아이디어를 더해봅시다.

• 함께 토의해 봅시다

 -어떤 제품에 사용하면 좋을까요?

 -좋은 점과 아쉬운 점을 생각하여

  새로운 아이디어를 더해 봅시다.

🤖 어두우면 불이 켜지는 가로등의 원리를 알아봅시다.

✖ 거리 센서를 알아봅시다

• 거리 센서의 원리

거리 센서는 적외선(IR)으로 장애물을 감지하여 거리를 인식하는 센서입니다. 센서부에서 적외선을 내보내고 반사되어 돌아오는 적외선을 받아서 걸리는 시간으로 거리를 감지하는데, 거리가 가까울수록 0, 멀어질수록 1023에 가까운 센서값을 보입니다.

✖ 센서 모듈과 출력 모듈을 연결해 봅시다.

• 1번 출력 포트에 거리 센서를 연결합니다

• LED출력 포트에 LED를 연결합니다.

✖ 센서 모듈과 출력 모듈을 연결해 봅시다.

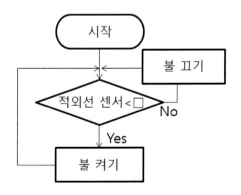

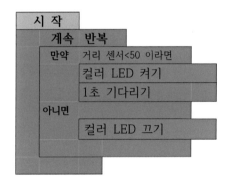

✖ 프로그래밍 동작을 확인합니다.

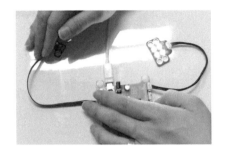
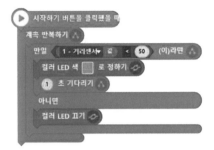

• 거리 센서 가까이에 손을 가까이 했다 멀리 했다 하며 LED 동작을 확인합니다.

✖ 거리 센서를 활용한 소품 아이디어를 생각해 봅시다.

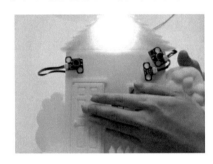

✖ 발상의 전환으로 아이디어를 더해봅시다.

• 함께 토의해 봅시다
  - 어떤 제품에 사용하면 좋을까요?
  - 좋은 점과 아쉬운 점을 생각하여
    새로운 아이디어를 더해 봅시다.

4 거리 센서, 서보모터, DC 모터 사용하기

🤖 **가까이 가면 열리는 주차차단기의 원리를 알아봅시다.**

✕ 거리 센서를 알아봅시다.

[감도 조절하기]
• 거리 센서는 감도 조절나사를 활용하여 용도를 바꿔 사용할 수 있습니다.
• 조절 나사를 왼쪽으로 끝까지 돌리면 거리감지 모드로, 오른쪽으로 끝까지 돌리면 흑백 감지모드로 전환됩니다.
출처: https://cafe.naver.com/raonict/121

✕ 센서 모듈과 출력 모듈을 연결해 봅시다.

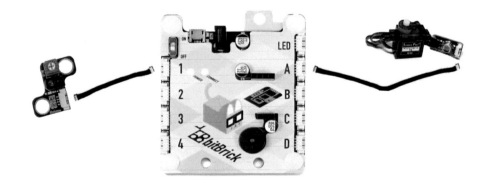

• 1번 출력 포트에 거리 센서를 연결합니다.
• A출력 포트에 서보 모터를 연결합니다.

✖ 가까이 가면 열리는 주차차단기의 작동 순서도를 작성해 봅시다.

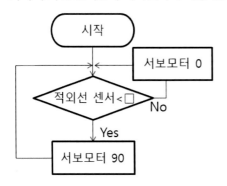

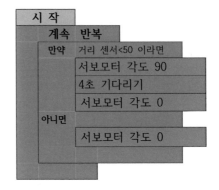

✖ 프로그래밍 동작을 확인합니다.

• 거리 센서 가까이에 손을 가까이 했다 멀리 했다 하며 서보모터 동작을 확인합니다.

✖ 거리 센서를 활용한 소품 아이디어를 생각해 봅시다.

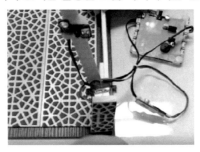

✖ 발상의 전환으로 아이디어를 더해봅시다.

• 함께 토의해 봅시다

  -어떤 제품에 사용하면 좋을까요?

  -좋은 점과 아쉬운 점을 생각하여 새로운 아이디어를 더해 봅시다.

사람이 있을 때 돌아가는 환풍기의 원리를 알아봅시다.

☒ 센서모듈과 출력모듈을 연결해 봅시다.

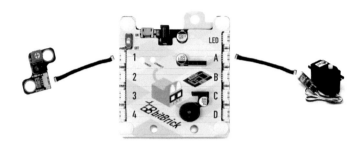

- 1번 출력 포트에 거리 센서를 연결합니다.
- A출력 포트에 DC모터를 연결합니다.

☒ 가까이 가면 돌아가는 환풍기의 작동 순서도를 작성해 봅시다.

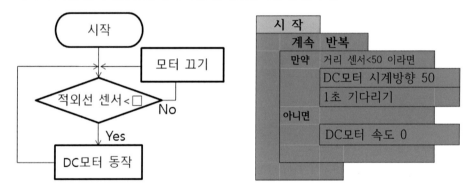

☒ 프로그래밍 동작을 확인합니다.

- 거리 센서 가까이에 손을 가까이 했다 멀리 했다 하며 DC모터 동작을 확인합니다.

✖ 거리 센서와 DC모터를 활용한 소품 아이디어를 생각해 봅시다.

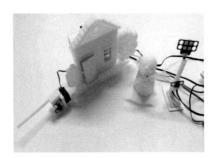 

✖ 발상의 전환으로 아이디어를 더해봅시다.

　•함께 토의해 봅시다

　　-어떤 제품에 사용하면 좋을까요?

　　-좋은 점과 아쉬운 점을 생각하여 새로운 대안을 마련해 봅시다.

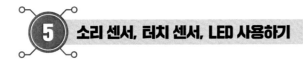

5 **소리 센서, 터치 센서, LED 사용하기**

터치 센서를 누르면 켜지는 침실등의 원리를 알아봅시다..

✖ 터치 센서를 알아봅시다.

• 터치 센서의 원리

터치 센서는 저항의 일종으로 누름에 의해 센서값이 결정됩니다. 눌렀을
때 1023, 누르지 않았을 때 0으로 센서값이 인식되므로 두 가지 조건을
사용하여 프로그래밍합니다.

✖ 센서 모듈과 출력 모듈을 연결해 봅시다.

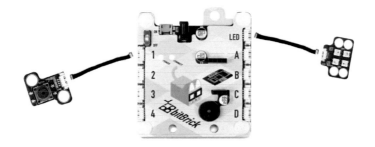

• 1번 출력 포트에 거리 센서를 연결합니다.
• LED출력 포트에 LED를 연결합니다.

✖ 터치하면 불이 켜지는 취침등의 작동 순서도를 작성해 봅시다.

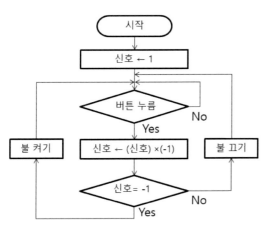

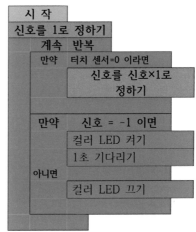

✖ 프로그래밍 동작을 확인합니다.

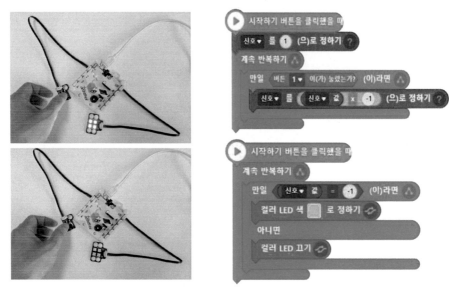

• 터치 센서를 손으로 누르면서 LED 동작을 확인합니다.

✖ 터치 센서를 활용한 소품 아이디어를 더해봅시다.

✖ 발상의 전환으로 아이디어를 더해봅시다.

• 함께 토의해 봅시다

－어떤 제품에 사용하면 좋을까요?

－좋은 점과 아쉬운 점을 생각하여 새로운 기능을 더해 봅시다.

말소리에 반응하여 불이 켜지는 침실등의 원리를 알아봅시다.

✖ 소리 센서를 알아봅시다.

• 소리 센서의 원리

소리 센서는 외부의 소리에 반응을 하는 센서로 소리의 높낮이와 관계
없이 크기(db)에 반응합니다. 소리를 감지하는 소자로 가장 많이 사용되
는 것이 마이크인데 소리 센서들은 모두 마이크를 포함하여 소리를 감지
하고 이를 증폭하거나 증폭하지 않고 신호를 출력합니다. 신호를 증폭하
는 센서는 소리를 읽어 들이는 감도가 높고 그렇지 않은 것은 감도가 낮
습니다.

✖ 센서모듈과 출력모듈을 연결해 봅시다.

• 1번 출력 포트에 소리 센서를 연결합니다.

• LED출력 포트에 LED모터를 연결합니다.

✖ 소리가 들리면 불이 켜지는 센서등의 작동 순서도를 작성해 봅시다.

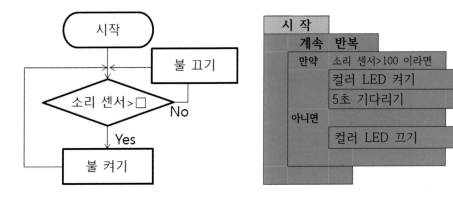

✖ 프로그래밍 동작을 확인합니다.

• 말소리나 손뼉 소리로 LED 동작을 확인합니다.

✖ 거리 센서와 서보모터를 활용한 소품 아이디어를 생각해 봅시다.

✖ 발상의 전환으로 아이디어를 더해봅시다.

• 함께 토의해 봅시다

–어떤 제품에 사용하면 좋을까요?

–좋은 점과 아쉬운 점을 생각하여 새로운 생각을 모아 봅시다.

땅이 흔들리면 경고등이 켜지고 경보음이 울리는 지진 경보기를 프로그밍해 봅시다.

✖ 진동 센서를 알아봅시다.

• 진동 센서 원리

진동 센서를 흔들어보면 구슬 같은 것이 움직이면서 진동을 감지합니다. 진동을 감지하면 1023, 감지되지 않았을 때 0으로 센서값이 인식되므로 두 가지 조건을 사용하여 프로그래밍합니다.

✖ 센서 모듈과 출력 모듈을 연결해 봅시다.

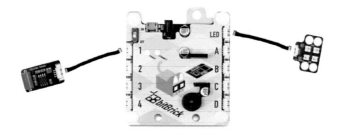

• 1번 출력 포트에 진동 센서를 연결합니다.

• LED출력 포트에 LED를 연결합니다.

✖ 주위가 흔들리면 경보음과 함께 켜지는 경고등 작동 순서도를 작성해 봅시다.

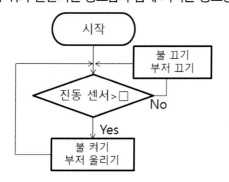

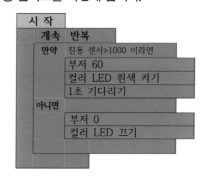

---

2) 해당 진동 센서는 2021년 기준 단종된 부품입니다. 진동 센서의 원리는 같으므로 아두이노나 다른 교구에서 사용하실 때 같은 코딩 원리를 적용하시면 좋을 것 같습니다.

✖ 프로그래밍 동작을 확인합니다.

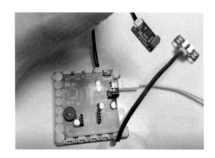

시작하기 버튼을 클릭했을 때
계속 반복하기
만일 〈 1 - 진동센서▼ 값 > 1000 〉 (이)라면
컬러 LED 켜기 R 255 G 0 B 255
버저음 60 내기
1 초 기다리기
아니면
컬러 LED 끄기
버저음 0 내기

• 진동 센서를 손으로 가볍게 흔들어보면서 LED 동작과 부저음을 확인합니다.

✖ 진동 센서를 활용한 소품 아이디어를 생각해 봅시다.

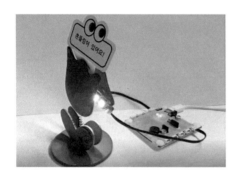

✖ 발상의 전환으로 아이디어를 더해봅시다.

• 함께 토의해 봅시다

－어떤 제품에 사용하면 좋을까요?

－잘된 점과 아쉬운 점을 생각하여 새로운 대안을 생각해 봅시다.

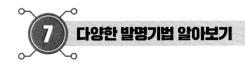

다양한 발명 기법을 살펴보고 해당되는 제품을 찾아봅시다.

발명 기법	기법이 적용된 제품	떠오른 생각
더하기	• 하나의 물건에 다른 물건을 더하거나 다른 기능을 더하여 새로운 기능을 생성하는 방법 • 제품의 예:	
빼기	• 사용을 편리하게 하거나 기능을 개선하기 위해 제품의 일부를 빼거나 기능을 없애는 방법 • 제품의 예:	
작게 하기 크게 하기	• 제품의 크기를 바꾸어 사용에 편리하거나 사용효과를 높이는 방법 • 제품의 예:	
재료 바꾸기	• 원래 제품과 다른 재료를 사용하여 기능을 개선하거나 사용에 편리하도록 만드는 방법 • 제품의 예:	
반대로 생각하기	• 물건의 모양, 방향, 성질 등을 반대로 생각하거나 거꾸로 하여 새로운 물건을 만드는 방법 • 제품의 예:	
용도 바꾸기	• 물건의 원래용도를 바꾸어 다른 용도로 사용하는 방법 • 제품의 예:	
모양 바꾸기	• 제품의 모양을 바꾸어 보기 좋게 하거나 사용에 편리하게 만드는 방법 • 제품의 예:	

✖ 인상에 남는 발명기법과 나의 아이디어를 메모해 봅시다.

발명 기법	제품	아이디어 착안	만들고 싶은 것

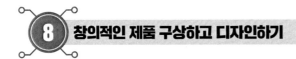 비트브릭을 사용하여 제품을 완성하는 방법을 알아봅시다.

(출처 : https://cafe.naver.com/thebitbrick/382)

❶ 비트브릭 블루투스 모듈을 준비합니다.

❷ 비트브릭 보드에 핀을 맞추어 끼웁니다.

❸ 컴퓨터의 usb단자에 블루투스를 끼우고
  ◀CONNECT 버튼을 누르면 불이 켜집니다.

❹ 건전지 홀더를 비트브릭 보드에 연결합니다.

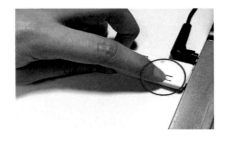

❺ 준비가 되었다면 엔트리 프로그램을 실행하여 하드
  웨어를 연결합니다.

❻ 프로그램을 작성한 뒤 동작을 확인합니다.

[보드의 유무선 연결 참고]
  -USB 포트를 통해 유선으로 연결하는 경우는 유선으로 전력과 데이터가 같이 공급됩니다.
  -블루투스 모듈을 사용하는 경우 데이터는 무선으로 전송되지만 전력 공급은 되지 않으므로 건전지 홀더를
   연결하여 전력을 공급해야 합니다.

❼ 제품의 기능을 생각해서 보드와 부품을 적절히 배치합니다.

[제품 제작 시 참고할 점]
- 비트브릭은 블루투스를 사용하여 무선 장치를 만들 수 있기 때문에 실생활과 비슷한 제품 만들기를 경험할 수 있습니다.
- 컴퓨터와 통신하는 상태에서 프로그램이 작동하기 때문에 노트북이나 컴퓨터와 적당한 거리를 유지해야 합니다.
- 보드의 크기를 줄이고자 한다면 '비트브릭 미니'를 사용할 수 있겠으나 비트브릭 미니는 블루투스를 지원하지 않으므로 유선 연결만 가능합니다.

🤖 아이디어가 반짝이는 스마트 제품을 계획하고 발표해 봅시다.

제품 이름	
개발팀	
역할 분담	
준비물	
제품의 기능과 알고리즘	■제품의 기능을 생각하여 프로그래밍 절차를 구안해 봅시다.
제품의 형태	■제품의 디자인을 스케치해 봅시다.
이 제품의 좋은 점	■이 제품은 어떤 점에서 기존의 제품과 차별화되나요?
친구들의 반응	■우리 팀의 제품 제작 계획에 대한 친구들의 생각은 어떠한가요?
더 생각할 점	■다른 팀의 발표를 듣고 난 후 달라진 생각이 있다면 적어 봅시다.

⑨ 편리하고 아름다운 스마트 제품 만들기

단원	6학년 6-1. 발명과 문제해결		
학습 주제	비트브릭과 엔트리를 활용하여 창의적인 스마트 용품 만들기		
성취 기준	•[6실04-08] 절차적 사고에 의한 문제 해결의 순서를 생각하고 적용한다. •[6실04-09] 프로그래밍 도구를 사용하여 기초적인 프로그래밍 과정을 체험한다. •[6실05-04] 다양한 재료를 활용하여 창의적인 제품을 구상하고 제작한다.		
핵심 역량	핵심역량 자기관리, 지식정보처리, 창의적 사고, 심미적 감성 창의인성 확산적 사고, 상상력, 흥미, 열정		
학습 자료	목재, 만들기 재료 및 공구, 비트브릭, 센서, 컴퓨터		

단계	학습 절차	학습 요소	교수·학습 과정	지도상의 유의점
도입	목적 설정	학습 흥미	•사진을 보며 창의적인 소품에 들어있는 아이디어에 대해 이야기를 나누어본다.	•스마트 소품 사진 자료 http://mechasolution.com/shop/goods/goods_list.php?&category=048011
		프로젝트 주제 제시	•비트브릭과 엔트리를 사용하여 창의적인 생활용품을 만들어 보자.	
전개	계획	수행 방법 알아보기	•제품을 만드는 데 사용할 수 있는 명령어 블록을 생각한다. •제품의 기능과 절차를 생각하여 프로그래밍 한다.	•동일한 만들기 키트를 사용하여 만들 경우 획일적인 작품이 되므로 자신이 원하는 센서를 활용하여 창의적인 소품이 되도록 한다. •센서에 따라 필요한 명령어블록을 생각하여 학생들이 직접 선택하게 한다. •프로그래밍 활동지 •교육용 모바일앱
		계획하기	•센서를 이용한 창의적인 소품을 계획한다. •사용할 센서와 액추에이터를 정한다. 센서: 빛센서, 거리 센서, 소리 센서, 진동 센서 액츄에이터: LED, 피에조 부저, 서보모터, DC모터 •센서값을 사용하여 어떠한 과정을 거쳐 액추에이터를 작동시킬 것인지 알고리즘(순서도)로 나타내어보도록 한다.	
	실행	활동하기	•포맥스판을 사용하여 액자/정리함을 만든다. •보드를 연결하고 프로그램을 실행하여 작성한 순서도에 따라 프로그래밍한다. •회로도를 동작시켜보고 오류를 수정하며 센서를 이용한 스마트 소품 만들어보도록 한다. •활동을 어려워하는 경우 교사가 제시한 알고리즘을 그대로 활용하고 프로그래밍 능력이 우수한 학생은 자기만의 알고리즘으로 수정하여보도록 한다.	•학습지와 앱 사용, 질문을 통해 스스로 문제를 해결하도록 한다. •목재뿐 아니라 학생들의 요구에 따라 3D 프린팅을 사용해도 좋다.

정리	평가	•모둠별로 작동 전시회를 열거나 영상을 찍어 학급 밴드에 올려 작품을 공유한다. •잘된 점과 아쉬운 점 등을 포스트잇 혹은 댓글 달아주기로 피드백을 제공한다.
	스스로 평가하기	•문제 해결에 필요한 알고리즘을 계획할 수 있는가? •순차, 반복, 조건을 사용하여 센서값을 활용한 경고등이나 부저를 만드는가? •모둠이 협력하여 계획한 제품을 완성할 수 있는가?

	•수업의 전 과정에서 질문과 대답을 통해 교사-학생, 학생-학생 간 상호피드백이 이루어지도록 한다.

[수업 성장 노트] 반드시 목재로만 용품을 만든다는 생각에서 벗어나게 한다. 플라스틱(3D프린팅 활용)이나 종이를 활용할 수 있으며 페이퍼 크래프트 활동과 접목하여 창의적인 소품 만들기를 구상할 수 있다.

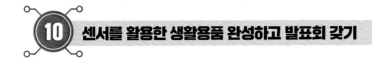

10 센서를 활용한 생활용품 완성하고 발표회 갖기

🤖 **다른 팀들이 만든 제품 발표를 듣고 의견을 나누어 봅시다.**

✖ **여러 팀의 산출물에서 새로운 아이디어 발견하기**

- 팀별 발표 후 질의응답 시간을 갖도록 하여 아이디어를 확장하는 기회를 가집니다.
- 좋은 점과 아쉬운 점을 함께 생각하고 당연하게 여기는 것을 비판적 관점에서 접근해봅니다.
- 다른 팀의 발표 내용에 경청하고 자신의 생각과 비교해 보도록 합니다.

✖ **클라우드 펀딩**

- 클라우드 펀딩 활동을 통해 아이디어에 대한 투자금 모으기를 합니다.
- 모둠별 100원~1000원까지 펀딩합니다.
- 펀딩금을 모았을 때 100원당 쿠폰 1개와 바꿀 수 있도록 합니다.

팀들이 만든 게임을 활용해보고 평가해 봅시다.

팀 이름		제 점수는요	☆☆☆☆☆
제품이름			☆☆☆☆☆
평가 기준			
좋은 아이디어			
아쉬운 점			

✖ 많은 사람들이 참여하는 평가

- 학급 안에서만 이루어지는 평가보다 평가에 참여하는 사람들이 많은 것이 좋습니다.
- 많은 사람들의 반응을 얻을수록 평가에 대한 신뢰도가 높아집니다.
- 심사자는 교사가 정하여 학생들이 자기 득점에 유리한 심사자를 고르지 못하도록 합니다.

✖ 결과물 전시하기

- 가장 많은 별을 모은 팀에게는 적절한 보상을 제공하여 즐거움을 얻도록 합니다.
- 시연과 발표로 끝나는 것이 아니라 일정 기간 동안 작품을 전시하여(학급밴드, 학예회 등) 자신들이 만든 작품에 대한 자부심을 충분히 느끼도록 합니다.

🤖 제품 만들기의 전 과정과 결과를 돌이켜보고 자기 평가를 해 봅시다.

✖ 러닝로그

- 프로젝트 학습장(러닝로그)를 활용하여 자신의 학습 과정에 대한 성찰을 돕습니다.
- 학생들의 러닝로그를 교사의 관찰과 함께 평가 자료로 활용합니다.
- 참고자료 : https://blog.naver.com/dulcinea012/222039623376

✖ 자기 상호 평가지

- 평가 준거별로 우리팀 동료평가(회색 칸)와 자기평가(흰색 칸)를 구분하여 기록합니다.
- 자신의 주관적 평가와 친구들의 객관적 평가를 비교해볼 수 있습니다.
- 평가 결과를 수량화하지 않고 앞으로의 활동 개선을 위한 자료로 활용하도록 합니다.

평가요소	평가 준거		
	상	중	하
프로그래밍 활동	순차와 조건 구조를 이해하여 문제 해결의 과정에 전략적으로 사용하였다.	모둠원의 협력과 선생님의 조언으로 문제해결을 위한 프로그래밍을 완수하였다.	문제해결 절차를 구안하는데 어려움을 겪었고 프로그래밍을 완수하지 못하였다.
참여와 태도	프로젝트 전 과정에 적극적으로 참여하고 자신의 역할을 열심히 하였다.	프로젝트 과정에 빠짐 없이 참여하였으나 역할 수행에서 노력이 다소 부족했다.	프로젝트 활동에 소극적으로 참여하고 제 역할을 하지 못했다.
흥미와 관심	자신의 관심과 적성에 따라 능동적으로 주제와 활동을 선택하였다.	대체로 팀원의 권유와 의견에 따라 주제와 활동을 선택하였다.	나의 의지와 상관없는 선택이었고 활동에 주도적으로 임하지 못했다.
산출물 제작	모둠원과 협력하여 비트브릭을 활용한 창의적인 제품을 계획하고 완성하였다.	비트브릭을 활용하여 제품을 계획하였으나 완성도가 다소 미흡하다.	계획에서 완성까지 협력과 노력이 다소 부족하여 제품을 완성하지 못했다.
경청과 평가	다른 팀의 발표를 귀기울여 듣고 제품의 장단점을 분석할 수 있었다.	다른 팀의 발표를 들었으나 제품의 장단점을 분석할 수 없었다.	다른 팀의 발표를 제대로 듣지 못했고 장단점을 분석할 수 없었다.
기본 생활습관	프로젝트 활동의 전과정에서 아이디어를 지속적으로 수정·보완하였다.	새로운 아이디어를 생성하기보다는 처음 계획에서 크게 벗어나지 않았다.	프로젝트 활동의 과정에서 특별한 아이디어를 생성할 수 없었다.
프로젝트 탐구를 통해 성장한 것			
우리 팀 별점			
선생님 총평			

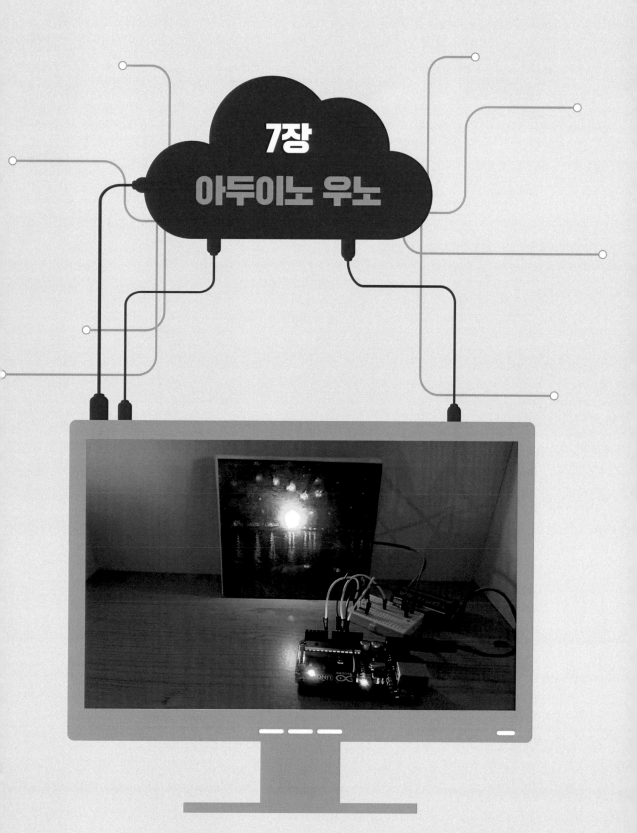

7장

아두이노 우노

최초의 아두이노는 2005년 오렌지 축제로 유명한 이탈리아 이브레아(Ivrea)에서 시작되었다고 합니다. 인터랙션 디자인 전문학교의 Massimo Banzi 교수와 David Cuartielles 교수는 하드웨어를 능숙하게 다루지 못하는 비전공생들을 위해 쉽게 프로그래밍할 수 있고 저렴하게 살 수 있는 마이크로컨트롤러 보드를 개발하였습니다. 이후 저작료를 지불하지 않고 제품을 만들 수 있도록 회로도와 데이터시트를 공개하는 오픈소스 운동이 추진되면서 전문 프로그래머가 아닌 사람들도 무료로 공개된 코드소스를 활용하여 다양한 제품을 만들 수 있게 되었습니다. 이후 많은 사용자 기반에 힘입어 다양한 아두이노 보드가 출시되어 왔고, 이와 연동되는 센서들도 아두이노 사용 규격에 맞게 생산되고 있습니다. 이처럼 아두이노는 누구나 사용 가능한 오픈 소스와 강력한 확장성을 기반으로 전 세계적인 메이커스 운동을 부흥시키면서 사물 인터넷과 웨어러블, 드론과 같은 최신 IT 트랜드를 이끌어가고 있습니다.

초등학교에서 아두이노 활용 교육을 하는 것에 대해 우려를 표명하시는 분도 있지만 저자는 어떤 것을 사용하든 학생들의 흥미와 눈높이에 맞게 재구성하여 의미 있는 배움을 제공하면 된다고 생각합니다. 실과 교육과정에 제시된 성취기준을 어떤 방법으로 도달하느냐가 중요한 문제이지 교구 자체가 성취수준을 결정하는 것은 아닌 것 같습니다. 소프트웨어 교육을 하면서 크게 느낀 점은 학생들의 교과 성적과 소프트웨어 학습 몰입도는 전혀 다른 문제라는 것입니다. 공부에 크게 흥미가 없었지만 회로를 꾸미고 제품을 제작하는 것에 무척 열정적으로 참여하는 학생들도 있었고 학업 성적이 고루 우수하고 매 수업에 열심이던 학생 중에도 하드웨어를 다루는 것에 큰 부담을 느끼는 경우도 있었습니다. 따라서 자신이 기여할 수 있는 역할에 최선을 다하여 모든 아이들이 팀 산출물을 함께 만들어나갈 수 있도록 독려하는 것이 중요합니다.

아두이노를 활용한 메이커 활동을 기판 '회로 구성' 활동과 '프로그래밍' 활동으로 나누어본다면, 회로는 잘 꾸미지만 프로그래밍을 어려워하는 학생도 있고 그 반대인 경우도 있어서 수업의 포인트를 어디에 두느냐에 따라 활동의 난이도는 상당히 조절될 수 있습니다. 학생들이 텍스트 프로그래밍 언어를 사용하는 데 어려움을 겪는다면 엔트리를 활용하면 되는 것이고, 컴퓨터와 독립적으로 작동하는 제품을 만들고 싶지만 프로그래밍에 자신이 없는 학생들이라면 교사가 필요한 소스코드를 찾아주고 학생과 함께 프로그램을 업로딩하면 될 것이기 때문입니다. 즉 교사가 아두이노 활용 방법을 알고 있다면 학생들의 특성에 따라 활동 수준을 조절할 수 있습니다.

저자는 우리 생활에서 사용하는 거의 모든 제품에 소프트웨어가 활용된다는 것을 체험하는데 중점을 두고 있습니다. 따라서 교사가 프로그램이 업로드 된 아두이노 보드를 제공하고 학생들은 회로도만 완성해도 소프트웨어의 작동 원리를 체험할 수 있도록 수업을 설계하였습니다. 대부분의 전기전자 제품에는 프로그램이 미리 내장되어 있어서 전력을 공급하면 특정 동작이 수행되므로 학생들이 이러한 부분을 체험할 수 있도록 한 것이지요. 이 활동의 경우 프로그래밍에 강조점이 있지 않아서 동작 프로그램에 대해 교사가 간단히 설명하고 코딩과 업로드 과정을 동영상으로 확인하였습니다.

앞서 언급한 바와 같이 어떤 활동을 설계하더라도 어려워하는 학생이 있는 반면 무리 없이 해내는 학생도 있습니다. 문제는 컴퓨터나 하드웨어 다루기를 어려워하는 학생들도 '함께' 할 수 있는 경험을 제공하는 것인데, 이 때문에 교과융합 프로젝트활동이 필요합니다. 모든 학생들이 자기가 할 수 있는 역할을 맡아서 팀 미션에 기여하고 해결과정에 참여하면서 나름의 방식으로 함께 성장할 수 있는 경험을 제공하는 것이지요. 아이들이 프로그래밍을 할 수 있느냐, 없느냐에 에 급급하기보다 긴 호흡으로 수업을 구성하여 소프트웨어에 대한 체험과 절차적 사고를 경험하도록 하는 것이 중요합니다.

아두이노 활용 수업에서 아이들이 가장 어려워하는 부분은 '회로도 구성하기'입니다. 구 교육과정에서는 전기전자 부품에 대한 지식을 다루는 파트가 부분적으로 있었지만, 지금은 학생들이 부품의 특징을 전혀 모르는 상태에서 시작해야 합니다. 따라서 브레드보드가 어떻게 부품들을 연결하는가, (+)(-)로 구분되는 부품은 무엇인가, (+)(-)는 각각 어디에 연결하는가에 대한 충분한 설명이 제공되어야 하겠습니다. 아두이노는 기본적으로 콘덴서가 내장되어 있어 기판에 공급되는 전압이 5.5V로 조절되게끔 설계되었습니다. 그러나 부품의 (+)와 (+), 혹은 (-)와 (-)가 연결되면서 합선이 일어날 경우 부품이 타기도 하는데요, 이 상태가 방치되면 컴퓨터와 주변기기까지 망가뜨릴 수 있기 때문에 회로를 정확하게 구성하는 것이 중요하다는 점을 누누이 알려주어야 합니다. 아두이노를 활용한 메이커 활동의 성공여부는 회로도를 얼마나 정확하게 꾸미는가에 달려있다고 해도 과언이 아닙니다. 프로그램 소스코드는 인터넷에서도 얼마든지 찾아볼 수 있고 교사가 제공하거나 업로드를 도와줄 수 있지만 학생들의 회로를 다 만들어주기는 어렵기 때문입니다.

아두이노를 활용하여 수업을 하다보면 "선생님, 보드가 뜨거워요!"라든가 "선생님 플라스틱 타는 냄새가 나요!"라는 말을 종종 듣습니다. 이 경우 당장 아두이노 보드연결선을 컴퓨터에서 뽑은 후, 브레드보드와 아두이노 기판에서 부품을 모두 분리해야 합니다. 그리고 부품의 연결이 정확한지 처음부터 차근차근 확인하면서 다시 끼우도록 해야 합니다. 브레드보드와 아두이노 핀(점퍼선을 끼우는 홀)은 무척 작아서 정확한 핀 번호에 끼우는 것이 생각보다 어렵습니다. 때문에 저자는 아두이노 활동을 할 때 회로 구조를 설명한 후 동영상, 사진, 학습 어플 등의 보조자료를 최대한 활용하여 학생들이 자기의 속도에 맞추어 차근차근 따라할 수 있도록 하였습니다. 아두이노는 간단한 활동으로도 큰 효과를 얻기 때문에, 힘들지만 충분히 도전해볼만한 활동이라고 생각합니다. 쉽다고 배움이 없지 않은 것처럼 어렵다고 안 가르쳐야 하는 것도 아닙니다.

[아두이노 참고 자료]
• https://blog.naver.com/dulcinea012/222048573452
• https://blog.naver.com/dulcinea012-프로젝트 수업자료-6. 아두이노

✪ 프로젝트❶ 개요

프로젝트 주제	아두이노를 활용하여 인터렉티브 아트 작품을 제작해보자.		
프로젝트 목표	이 프로젝트는 프로그래밍을 활용하여 기존의 미술작품을 인터렉티브 아트로 새롭게 재창조하는 활동이다. 명화를 이용하거나 자신이 좋아하는 미술 작품을 재해석하여 새로운 관점을 부여하는 활동이 될 수 있고 새로운 조형요소를 가미하여 주제를 변화시킬 수도 있다. 즉 오브제의 다양한 기법에 소프트웨어적 요소를 가미하여 작품에 대한 학생들의 생각과 느낌을 다양하게 확장시켜나갈 수 있도록 지도한다. 작품을 새롭게 시각화하는 활동에서 시각적 소통 능력과 창의 융합적 사고력을 기를 수 있다.		
운영 시기	6학년	프로젝트 유형	디자인 챌린지
산출물 형태	설치미술 제작하기		

✪ 교과 및 성취기준

교과	성취기준
창체	창의주제활동: 아두이노를 활용하여 인터렉티브 아트 제작하기
국어	[6실04-08] 절차적 사고에 의한 문제 해결의 순서를 생각하고 적용한다. [6실04-09] 프로그래밍 도구를 사용하여 기초적인 프로그래밍 과정을 체험한다. [6실04-11] 문제를 해결하는 프로그램을 만드는 과정에서 순차, 선택, 반복 등의 구조를 이해한다.
미술	[6미01-05] 미술 활동에 타 교과의 내용, 방법 등을 활용할 수 있다. [6미02-02] 다양한 발상 방법으로 아이디어를 발전시킬 수 있다. [6미02-03] 다양한 자료를 활용하여 아이디어와 관련된 표현 내용을 구체화할 수 있다. [6미02-05] 다양한 표현 방법의 특징과 과정을 탐색하여 활용할 수 있다.
성취기준 재구성	[활동 주제] 인터렉티브 아트 작품 만들기 [성취기준] 아두이노를 활용하여 기존의 미술작품을 새로운 형식으로 재현한다.
2015개정 핵심역량	자기관리, 정보처리, 창의적 사고, 심미적 감성, 의사소통, 공동체 역량
일반화 지식	기술의 발달은 인류의 생활 양식을 변화시킨다.

아두이노는 비트브릭과 달리 메이커가 입출력 핀을 정하고 전기 회로를 직접 구성해야 하므로 과정이 복잡하고 까다롭게 느껴질 수 있습니다. 핀의 크기도 무척 작아서 점퍼선을 엉뚱한 핀에 끼우는 실수도 자주 일어나지요. 게다가 부품의 특성, 예를 들어 (+) (−) 연결을 정확하게 알고 회로도를 구성해야 하기 때문에, 이 부분 역시 학생들에게 다소 어렵고 생소합니다. 따라서 전기회로를 구성하는 활동을 충분히 해보고, 수업에서도 회로를 최대한 단순화하여 반복적으로 활용하는 것이 좋습니다. 학생들이 하는 실수는 대부분 브레드보드와 아두이노 입출력 핀에 부품을 잘못 끼우는 일입니다. 워낙 핀이 작다보니 10번핀에 끼워야하는 부품을 11번 핀에 끼우는 식이지요. (+) (−)를 반대로 끼워서 부품이 타기도 하고 프로그램 동작이 되지 않는 경우도 많습니다. 따라서 부품의 특징을 알고 브레드보드 사용법을 익히는데 별도의 시간이 필요하며, 이 때문에 거꾸로 학습법이나 다양한 보충 자료를 활용하여 브레드보드에 친숙해지는 시간을 충분히 갖는 것이 좋겠습니다.

✪ 프로젝트 차시 계획

순서	활동 내용	시수
1	•[실과] 아두이노 알아보기 -아두이노와 엔트리 프로그램 연결하기, 아두이노 입력, 제어, 출력 과정 알아보기 -아두이노UNO 보드 살펴보기	1
2	•[실과] 아두이노 보드로 LED 제어하기: '별이 빛나는 밤'에 별빛 더하기	1
3	•[창체] 버튼으로 LED 제어하기: '화가의 방'에 불켜기	1
4	•[창체] 빛 센서와 LED 사용하기: '밤의 카페 테라스'에 가로등 더하기	1
5	•[창체] 거리 센서와 LED 사용하기: 다가가면 눈부신 화병 만들기	1
6	•[창체] 토양수분센서와 LED 사용하기: 나무 그림에 열매 맺기	1
7	•[창체] 진동 센서와 LED 사용하기: 캐릭터와 손 인사 나누기	1
8	•[창체] 소리 센서와 LED 사용하기: '시드니의 오페라' 불꽃 만들기	1
9	•[창체] 거리 센서와 서보 모터 사용하기: '화가의 정원'에 파리지옥 만들기	1
10	•[창체] 거리 센서와 DC 모터 사용하기: '풍차' 그림에 바람 더하기	1
11	•[미술] 그림에 상상을 더하여 표현하기 -원하는 그림을 선택하여 색다른 방법으로 표현 계획하기 -설치미술 제작하기	2
12	•[미술] 작품 발표회를 갖고 서로의 작품 감상하기 -완성된 작품 발표하고 평가하기	2

✪ 평가 계획

단계	수행 기준			
계획	•기존의 작품을 새로운 관점에서 바라볼 수 있는가? •기존의 작품에 새로운 조형요소를 가미하여 주제를 변화시킬 수 있는가?			
	도달도		**피드백**	재도전 결과
	도달( )	미도달( )		
성장 과정	•팀원과 원만한 관계를 유지하고 협력하여 작품 만들기에 참여하는가? •문제해결 과정에서 어려움을 겪은 부분에 대해 적절한 조언과 도움을 구하는가? •팀 내에서 자신이 맡은 역할에 대해 책임을 다 하는가?			
	도달도		**피드백**	재도전 결과
	도달( )	미도달( )		
	도달( )	미도달( )		
최종 산출물	•팀원과 함께 끝까지 노력하여 공동의 결과물을 완성하였는가? •토의 과정을 거쳐 결과물을 창의적으로 발전시킬 수 있었는가? •센서의 성질을 적절히 활용하여 작품을 새롭게 재탄생시켰는가?			
	도달도		**피드백**	재도전 결과
	도달( )	미도달( )		
공유 및 성찰	•자신과 친구들의 학습 과정에 대한 피드백을 생성하는가? •프로젝트의 전 과정에서 자신의 아이디어를 발전시키거나 발상의 전환을 할 수 있는가?			
	도달도		**피드백**	재도전 결과
	도달( )	미도달( )		
평가방법	•포트폴리오, 러닝로그를 활용한 지필평가, 상호관찰평가, 자기평가			

엔트리 프로그램과 아두이노를 연결해 봅시다.

✖ 엔트리 프로그램을 실행하여 보드를 연결해 봅시다.

- 아두이노의 연결선을 꽂고 반대편을 컴퓨터 USB 단자에 꽂아서 보드와 컴퓨터를 연결합니다.
- 엔트리 프로그램을 실행하고 블록꾸러미에서 <하드웨어> 를 클릭합니다.
- 하드웨어에서 아두이노 Uno보드를 선택합니다.

- <연결 프로그램 열기>를 클릭하고 연결하고자 하는 아두이노 Uno 보드를 선택합니다.
- 보드와 연결을 위해 드라이버를 설치 후 펌웨어 설치(호환보드의 경우)를 클릭합니다.
- 연결포트를 선택합니다. COM1, COM2를 제외하고 선택해주세요.

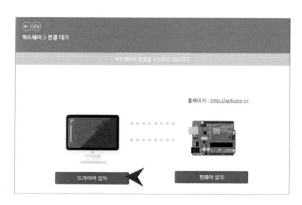

- <연결 성공>이 보이면 프로그래밍 준비 완료입니다.
- 화면을 종료하면 연결이 끊어지므로 화면을 최소화한 상태에서 프로그래밍을 진행합니다.

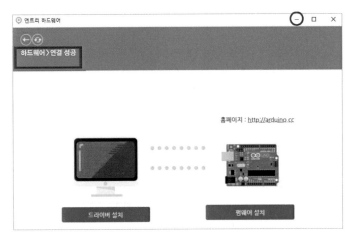

✖ 보드 선택 시 주의할 점을 알아봅시다.

- 사양에 따라 아두이노 Uno 정품보드, Uno 호환보드를 선택합니다.
- '초음파센서'와 '서보 모터'를 사용할 경우는 <아두이노 Uno 확장보드>를 선택해야 합니다.

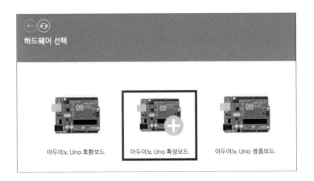

🤖 엔트리의 아두이노 제어과정을 알아봅시다.

✘ 엔트리와 아두이노 Uno보드의 입력, 제어, 출력을 알아봅시다.

- 입력, 제어, 출력은 각각 센서, 엔트리 프로그램, 엑츄에이터(동작기)를 통해 이루어집니다.
- 아두이노 보드는 A0~A5 번 핀을 통해 센서로 들어오는 입력값을 받게 됩니다.
- 원하는 기능을 엔트리 프로그램으로 프로그래밍하여 2~11번 핀에 특정 동작을 명령합니다.
- 2~11번 핀에 연결된 엑츄에이터가 프로그램대로 작동합니다.

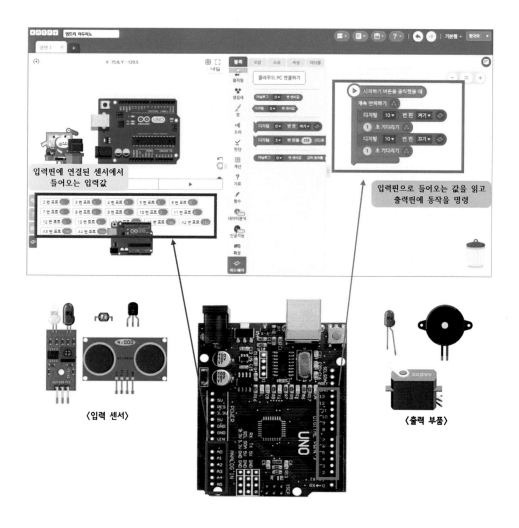

〈입력 센서〉

〈출력 부품〉

- 아두이노 Uno 보드에서 센서 값을 입력받는 곳은 A0, A1, A2, A3, A4, A5 번 핀입니다.
- 2, 4, 7, 8, 12, 13번 핀은 디지털 값의 입출력에 사용됩니다.
- 3, 5, 6, 9, 10, 11번 핀은 디지털, 아날로그 겸용으로 입출력에 사용됩니다. 아두이노 Uno보드의 입력핀과 출력핀을 구분해 봅시다.

핀 번호	입력 핀						통신		입출력 핀											
핀 번호	A	A1	A2	A3	A4	A5	0	1	2	4	7	8	12	13	3 ~	5 ~	6 ~	9 ~	10 ~	11 ~
데이터 형식	아날로그 데이터 입력 (0~1023 사이의 가변값)						수신	송신	디지털 전용 (0과 1 혹은 0과 1023)						아날로그/ 디지털 겸용					
사용가능 부품	온도센서, 적외선 센서, 거리 센서, 불꽃센서, 소리 센서, 토양수분센서						시리얼 통신		푸쉬 버튼, 스위치 LED, 피에조 부저						RBG LED, 서보 모터 DC 모터, 팬모터					

- 아두이노 Uno 보드에서 센서 값을 입력받는 곳은 A0, A1, A2, A3, A4, A5 번 핀입니다.
- 아두이노 A0~A5 번 핀을 통해 들어오는 입력값을 받게 됩니다.
- 프로그래밍에 따라 2~11번 핀에 특정 동작을 명령하게 됩니다.
- 2, 4, 7, 8, 12, 13번 핀은 디지털 값의 입출력에 사용됩니다.
- 3, 5, 6, 9, 10, 11번 핀은 디지털, 아날로그 겸용으로 입출력에 사용됩니다.

✖ 아두이노 Uno보드의 입력핀과 출력핀을 구분해 봅시다.

명령 블록	실행
아날로그 0 ▼ 번 센서값	A0~A5번 핀 센서 값 지정
디지털 0 ▼ 번 센서값	D10~D13번 핀 센서 값 지정
디지털 0 ▼ 번 핀 켜기 ▼	D10~D13번 핀 전원 공급/차단
디지털 3 ▼ 번 핀을 255 (으)로 정하기	디지털 핀에 아날로그 전원 공급
아날로그 0 ▼ 번 센서값 값의 범위를 0 ~ 1023 에서 0 ~ 100 (으)로 바꾼값	센서 값 맵핑

아두이노 메인보드와 입출력 핀을 살펴봅시다. (출처: 네이버 블로그 파커스랩)

※ 아두이노 UNO보드를 살펴봅시다.

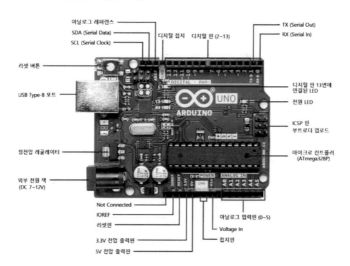

- 리셋 버튼 : PC의 리셋 버튼과 같습니다. 이 버튼을 누르면 프로그램이 재부팅하게 되나 이미 업로드된 프로그램은 지워지지 않고 그대로 유지됩니다.

- USB Type B 포트 : USB Type B 케이블을 연결하는 곳으로 전원 공급과 데이터 업로드을 위해 컴퓨터의 USB포트에 연결하여 사용합니다.

- 정전압 레귤레이터 : 아두이노에 주어진 전압을 제어하여 DC 전압을 5V로 안정화합니다.

- 외부전원 소켓 : 건전지 등 DC 전원 공급 장치와 연결하여 직접 전원을 공급받는 곳입니다.

- 아날로그 레퍼런스(AREF, Analog Reference) : 아날로그 입력 핀의 상한선으로 외부 참조 전압 (0~5V 사이)을 설정합니다.

- 디지털 접지(GND, Ground) : 회로를 접지하는 데 사용됩니다.

- 디지털 핀(2~13) : 데이터를 입력 받거나 출력할 때 사용합니다. 핀 번호 아래에~ 표시가 있는 핀(3, 5, 6, 9, 10, 11번)은 PWM(8비트) 출력을 지원하여 디지털, 아날로그 데이터 겸용으로 사용합니다.

- 디지털 핀(0, 1번) : 디지털 핀 중 0번(RX)과 1번(TX)은 PC와 통신용으로 사용되므로 프로그램 코딩에는 거의 사용하지 않습니다.

- TX, RX LED : 데이터 송신 중에는 TX LED가, 수신 중에는 RX LED가 깜박입니다.

- 전원 LED : 아두이노 보드에 전원이 공급되면 LED가 켜집니다.

- 부트로더 업로드 (ICSP, In Circuit Serial Programming) : 대부분 ICSP는 MOSI, MISO, SCK, RESET, VCC 및 GND로 구성된 Arduino의 작은 프로그래밍 헤더인 AVR입니다. 이것은 종종 출력의 "확장"으로 간주 될 수 있는 SPI(Serial Peripheral Interface)라고도 합니다.

- 마이크로 컨트롤러 : 아두이노 보드 중간쯤 길쭉한 집적회로가 보입니다. 이것이 아두이노 보드의 CPU에 해당하는 마이크로 컨트롤러 ATmega328P 칩입니다. 호환 보드는 보드 중앙에 정사각형의 조그만 칩으로 붙어 있기도 합니다.

- OREF : I/O핀의 전압을 알기 위한 용도로 사용됩니다. 아두이노에 쉴드를 적층하여 사용하다보면 다른 전압의 쉴드를 장착하는 경우가 있는데 쉴드를 통해 IOREF의 전압을 측정할 때 사용합니다.

- RESET : 보통 리셋은 아두이노 보드 끝의 RESET핀을 눌러 실행시키는데 리셋 버튼을 누를 수 없는 상황인 경우 브레드보드에 버튼을 장착하고 아두이노의 GND핑과 RST핀을 버튼에 연결하여 사용할 수 있습니다.

- 3.3V 또는 5V : 건전지 연결 등 외부에서 공급하는 전력용으로 사용합니다. 다만 최대 출력 가능 소비 전류(500mA)를 초과하지 않도록 주의해야 합니다.

- Vin(Voltage In) : 이 핀은 또한 AC 전원 공급 장치와 같은 외부 전원에서 아두이노에 전원을 공급하는 데 사용할 수 있습니다.

- 아날로그 입력핀(A0~A5) : 습도 센서 또는 온도 센서와 같은 아날로그 센서에서 신호를 읽고 이를 마이크로 프로세서가 읽을 수 있는 디지털 값으로 변환합니다.

아두이노 보드로 LED를 제어해 봅시다.

✄ LED를 알아봅시다.

LED (light emitting diode)는 전류가 흐를 때 빛을 내는 '발광 다이오드'입니다. 다이오드란 Ga(갈륨), P(인), As(비소)를 재료로 하여 만들어진 반도체로 두 극으로 된 이극체를 말합니다. 즉 양극과 음극을 모두 가진 장치로, 전자를 발생시키기 쉬운 전자를 주는 물질과 전자를 잘 받는 물질을 접합시켜 전류가 흐르게 만든 소자입니다. 전기회로를 구성할 때는 다리가 긴 쪽을 (+), 다리가 짧은 쪽을 (-)에 연결하여 전류가 흐르게 합니다.

✄ 브레드보드의 특성을 알아봅시다.

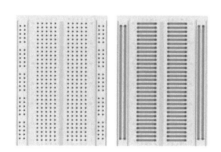

브레드보드의 내부는 그림의 초록색 선과 같이 철심으로 이어져 있습니다. 그렇기 때문에 선이 연결된 부분에 핀을 꽂게 되면 서로 연결되어 전류가 흐르게 됩니다. 브레드보드는 여러 크기와 모양이 있지만 원리는 이와 같으므로 유념하여 회로도를 구성해야 합니다.

※자료 참조: 메카솔루션 입문자를 위한 아두이노

✖ 회로도의 원리를 알아봅시다

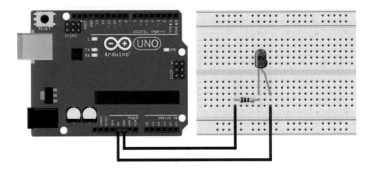

- 아두이노 5V 핀을 LED (+)극에 연결하고, 아두이노 GND를 LED (-)극에 연결해 봅시다.
- LED의 (+) 혹은 (-)에 220옴 저항을 연결해 주니다.
- 아두이노가 5V의 전력을 공급해주면 중간에 연결된 220옴 저항으로 5V → 3V로 강하됩니다.
- 그리고 3V의 전력을 공급받은 LED에는 불이 들어오게 됩니다.

✖ LED를 제어하기 위한 회로도를 구성해 봅시다.

센서부품			아두이노
LED	+	↔	10번 핀
	-	↔	220Ω 저항 ↔ GND

❶ LED의 (+)를 아두이노의 10번 핀에 연결합니다. 10번 핀을 통하여 LED 제어명령이 출력됩니다.

❷ LED의 (-)는 220Ω 저항에 연결하고 저항에서 다시 아두이노의 GND에 연결합니다.

- 브레드보드가 연결되어 있는 선을 생각하여 회로도를 꾸며봅시다.
- 저항은 LED의 (+)쪽이나 (-)쪽에 연결합니다.

✖ 다음 프로그램을 작성하여 보드에 업로드 해 봅시다.

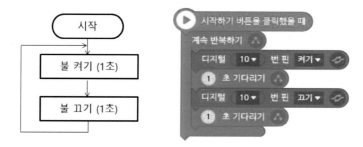

✖ 프로그램을 업로드한 후 실행되는지 확인해 봅시다.

✖ LED 2개 이상을 제어하기 위한 회로도를 구성해 봅시다.

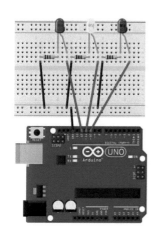

센서부품			아두이노
LED(1)	+	↔	10번 핀
	-	↔	220Ω 저항 ↔ GND
LED(2)	+	↔	11번 핀
	-	↔	220Ω 저항 ↔ GND
LED(3)	+	↔	12번 핀
	-	↔	220Ω 저항 ↔ GND

❶ LED의 (+)를 각각 아두이노의 10, 11, 12번 핀에 연결합니다.

❷ LED의 (-)는 220Ω 저항에 연결하고 저항에서 다시 아두이노의 GND에 연결합니다.

• GND에 연결할 선을 브레드보드 파란 줄에 모아서 하나의 선으로 아두이노의 GND에 연결하거나 각각 연결합니다. 아두이노에는 GND 핀이 3개있습니다.

✖ 다음 프로그램을 작성하여 보드에 업로드 해 봅시다.

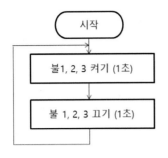

- LED가 교대로 켜지는 효과가 나타나도록 코딩해 봅시다.
- LED가 교대로 무작위로 켜지고 꺼지는 효과가 나타나도록 코딩해 봅시다.

✖ 프로그램을 업로드한 후 실행되는지 확인해 봅시다.

✖ 미술 작품에 적용해 봅시다.

- '별이 빛나는 밤' 하늘에 별빛 더하기로 작품에 변화를 주어 봅시다.
- '아를의 별이 빛나는 밤' 바다에 비친 불빛을 상상하며 작품을 변화시켜 봅시다.

■ 생각 더하기

• 작품에서 어떤 효과를 기대할 수 있을까요?
• 친구들과 아이디어를 나누면서 새로운 생각을 더해 봅시다.

■ 교사의 성장노트

고흐의 작품이 LED효과와 잘 어울리므로 '고흐 작품'에 주제나 활동을 맞추어도 좋겠습니다. 시수가 충분히 확보된다면 '러빙 빈센트' 라는 영화를 관람하면서 고흐의 삶과 작품 배경을 접한 후 명작에 효과 더하기로 융합 활동을 해보면 좋을 것 같습니다. 이 활동을 하면서 북두칠성이나 밤하늘의 별자리를 만들어보면 좋겠다는 아이들의 의견도 많았습니다. 별자리를 구성하는 별들은 지구로부터의 거리가 각각 다르기 때문에 자칫 과학적 오개념을 심어줄 수 있는 점에 유의하여 활동을 구성하면 될 것 같습니다.

■ 도움 자료 활용하기

• 아두이노 프로젝트 자료: https://blog.naver.com/dulcinea012/222048573452
• 학습 블로그 자료 모음을 활용합니다.
• apk 파일을 핸드폰에 저장하여 학습 어플을 사용합니다.
• QR코드로 학습 동영상과 관련 사진을 핸드폰으로 확인합니다.

아두이노 프로젝트 ❶

✖ 버튼을 알아봅시다.

푸쉬 버튼은 눌렀을 때 두 개의 접촉부분을 연결시켜 전기를 흐르게 하는 부품입니다. 4개의 다리를 가지고 있는데 내부에는 핀B와 핀C가 서로 연결되어 있고 핀A와 핀D가 서로 연결되어 있습니다.

자료 참고: http://wiki.vctec.co.kr

✖ LED를 제어하기 위한 회로도를 구성해 봅시다

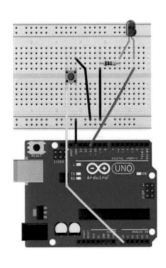

센서부품		↔	아두이노
LED	+	↔	11번 핀
	-	↔	220Ω 저항 ↔ GND
버튼	왼쪽 아래	↔	A0
	오른쪽 위	↔	GND

❶ LED의 (+)를 아두이노의 11번 핀에 연결합니다.

❷ LED의 (-)는 220Ω 저항에 연결하고 저항에서 다시 아두이노의 GND에 연결합니다.

❸ 버튼의 왼쪽 아래 다리는 A0핀에 연결하고 오른쪽 위 다리는 GND에 연결합니다.

• 버튼은 (+), (-) 구분은 없지만 왼쪽과 오른쪽이 연결되도록 회로를 구성해야 합니다.

✖ 다음 프로그램을 작성하여 보드에 업로드 해 봅시다.

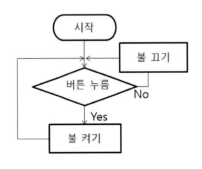

✖ 프로그램을 업로드한 후 실행되는지 확인해 봅시다.

• 버튼을 누르면 LED에 불이 들어오는 것을 확인합니다.

✖ 미술 작품에 적용해 봅시다.

• '화가의 방'에 불을 밝혀 봅시다.

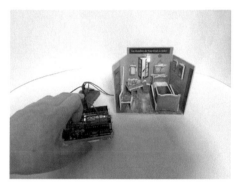 

✖ 생각 더하기

• 작품에서 어떤 효과를 기대할 수 있을까요?

• 친구들의 아이디어에 새로운 생각을 더해 봅시다.

4 빛 센서와 LED 사용하기

🤖 주위가 어두워지면 불이 켜지는 효과를 연출해 봅시다.

✖ 센서를 알아봅시다.

• 조도센서(황화 카드뮴셀: CdS)

조도센서는 저항의 일종으로 외부 빛의 밝기에 따라 저항값이 달라집니다. 빛이 강하면 저항 값이 낮아지고, 빛이 약하면 저항 값이 높아지죠. 이러한 성질을 이용하면 빛의 세기에 따라 달라지는 센서 값으로 특정 동작을 제어하는 프로그래밍이 가능합니다. CdS는 저렴하기 때문에 가장 보편적으로 사용되며 헤드라이트나 조명 등 실생활의 여러 곳에서 활용되고 있습니다.

측정(빛의 양)값 ↑

측정(빛의 양)값 ↓

✖ 빛 센서를 사용하여 회로도를 구성해 봅시다.

센서부품			아두이노
LED	+	↔	11번 핀
	-	↔	220Ω 저항 ↔ GND
빛 센서	구분없음	↔	5V
	구분없음	↔	10kΩ 저항 ↔ A0
			↔ GND

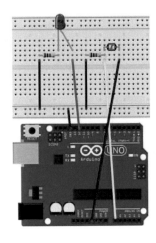

❶ LED의 (+)를 아두이노의 11번 핀에 연결합니다.

❷ LED의 (-)는 10kΩ 저항에 연결하고 저항에서 다시 아두이노의 GND에 연결합니다. (220Ω도 가능)

❸ 빛센서는 한 쪽에 220Ω 저항을 달고 저항의 양쪽을 각각 A0와 GND에 연결합니다.

• 브레드보드의 파란색 라인에 GND로 연결할 선을 모은 뒤 하나의 점퍼선으로 아두이노의 GND에 연결하거나 아두이노 보드에 있는 3개의 GND 핀에 각각 연결합니다.

✄ 다음 프로그램을 작성하여 보드에 업로드 해 봅시다.

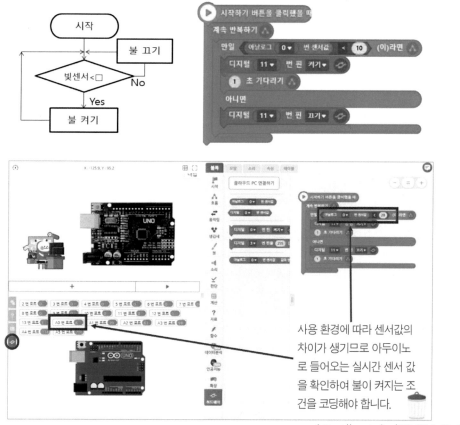

https://youtu.be/GU_HMp30ojU

사용 환경에 따라 센서값의 차이가 생기므로 아두이노로 들어오는 실시간 센서 값을 확인하여 불이 켜지는 조건을 코딩해야 합니다.

✄ **블록을 사용하여 센서 값을 맵핑해 봅시다.**

- 아날로그핀(A0)으로 입력되는 센서 값을 보면 대체로 0~1023 사이에서 어느 한 구간에 집중적인 값을 보이는 경우가 많습니다.

- 특정 구간에 센서 값이 몰리고 그 구간 안에서 변화 폭이 크기 때문에 우리가 인식하기 쉬운 값의 범위로 변환이 필요합니다. 센서 값의 범위 바꾸기에는 다음 블록을 사용합니다.

- 예를 들어 센서 값이 0~19 사이에 집중적인 값을 보인다면 이 값을 0~100 값으로 변환시켜 보는 것이 보기에 편할 것입니다. 그래서 0~19를 0~100으로 바꾼 값을 사용합니다.

• 속성창에서 <변수>를 클릭하여 '센서 값' 이라는 변수를 만들고 범위를 바꾼 값을 변수에 저장합니다. '센서 값' 말하기를 계속 반복하기 블록에 코딩하여 장면창에 센서 값이 나타나게 합니다.

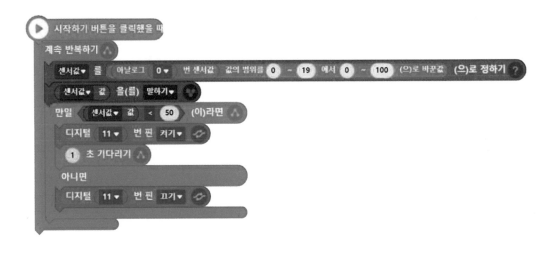

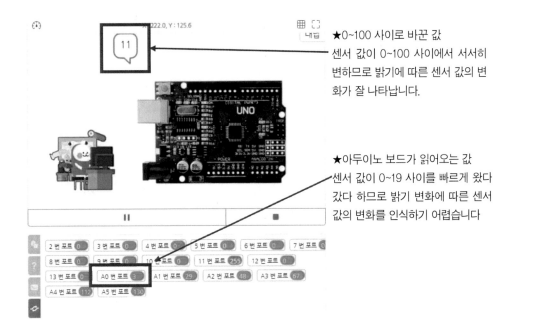

★0~100 사이로 바꾼 값
센서 값이 0~100 사이에서 서서히 변하므로 밝기에 따른 센서 값의 변화가 잘 나타납니다.

★아두이노 보드가 읽어오는 값
센서 값이 0~19 사이를 빠르게 왔다 갔다 하므로 밝기 변화에 따른 센서 값의 변화를 인식하기 어렵습니다

✖ 프로그램 업로드한 후 실행되는지 확인해 봅시다.

- 빛 센서를 손으로 살짝 가렸을 때 불이 들어오는 것을 확인합니다.

 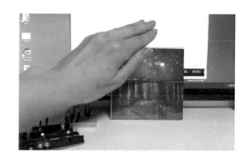

✖ 미술 작품에 적용해 봅시다.

- 새로운 작품에서 다른 효과를 느껴봅시다.
- '밤의 카페 테라스'에 가로등 더하기로 작품에 변화를 주어 봅시다.

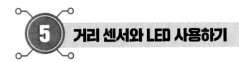

5 **거리 센서와 LED 사용하기**

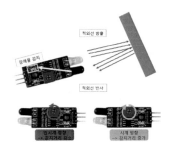

🤖 가까이 다가가면 불이 켜지는 효과를 연출해 봅시다.

✖ 센서를 알아봅시다.

• 적외선 센서 (IR: Infrared Ray Sensor)

적외선 센서는 적외선을 방출하는 발광부와 반사되어 돌아오는 적외선을 감지하는 수광부로 나뉘며 수광부로 들어오는 빛의 양에 따라 센서 값이 달라집니다. 탐지거리는 2~6cm로 거의 1m까지 탐지할 수 있는 초음파 센서보다는 기능이 떨어집니다. 대신 센서에 달린 가변저항을 오른쪽으로 돌리면 탐지거리가 늘어나므로 어느 정도 감도를 조절할 수 있습니다. 초음파 센서를 2개 이상 쓸 경우 서로 간섭을 일으킬 수 있지만, 근거리 감지만 필요하고 간섭 없이 원하는 기능을 작동시킬 때는 IR센서가 유용합니다.

✖ 적외선 센서를 사용하여 회로도를 구성해 봅시다.

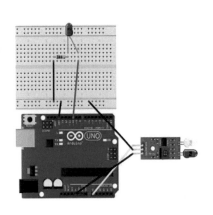

센서부품		↔	아두이노
LED	+	↔	10번 핀
	-	↔	220Ω 저항 ↔ GND
적외선 센서	VCC	↔	5V
	GND	↔	GND
	OUT	↔	A0

❶ LED의 (+)를 아두이노의 10번 핀에 연결

❷ LED의 (-)는 220Ω 저항에 연결하고 저항에서 다시 아두이노의 GND에 연결합니다.

❸ 적외선 센서는 OUT핀을 아두이노의 A0에, VCC를 5V에, GND를 GND에 연결합니다.

✖ 다음 프로그램을 작성하여 보드에 업로드 해 봅시다.

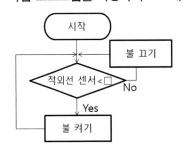

✖ 프로그램을 업로드한 후 실행되는지 확인해 봅시다.

- 빛 센서와 같은 방법으로 거리 센서 값도 맵핑하여 프로그래밍 하면 편리합니다.
- 거리 센서에 손을 가져가면 불이 들어오는지 확인합니다.

✖ 미술 작품에 적용해봅시다.

- 기존의 작품에 프로그래밍 효과를 가미하여 색다른 효과를 연출해봅시다.
- 다가가면 눈부신 화병으로 변화를 주어봅시다.

✖ 생각 더하기

- 어떤 작품에서 또 다른 효과를 기대할 수 있을까요?

✖ 인체감지 센서

실생활에서 많이 활용되는 인체감지 센서를 사용하는 것도 좋을 듯 합니다. 관심을 보이는 학생들에게 인체감지센서를 보여주면서 같은 방법으로 코딩을 소개하였습니다.

6 토양수분센서와 LED 사용하기

물을 뿌리면 불이 켜지는 효과를 연출해 봅시다.

✖ 센서를 알아봅시다.

• 토양수분센서

토양수분 센서는 토양의 수분을 감지하는 데 사용할 수 있습니다. 토양에 수분이 많을수록 센서 값이 낮아지며 이를 토대로 하여 식물이 어느 정도 물을 필요로 하는 지 측정할 수 있습니다. 토양에 직접 꽂는 센서 부분과 저항값을 측정하기 위한 모듈 부분으로 나뉩니다. 수위 센서와 마찬가지로 센서 부분에 습기가 닿으면 전류가 흐르게 되는데 수분에 접촉하는 표면적이 많을수록 저항값이 줄어들기 때문에 이것을 감지해서 사이렌을 울리거나 LED를 켜거나 합니다.

✖ 토양수분센서를 사용하여 회로도를 구성해 봅시다.

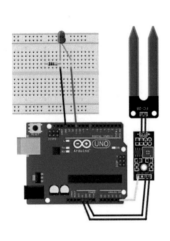

센서부품			아두이노
LED	+	↔	11번 핀
	-	↔	220Ω 저항 ↔ GND
토양수분 센서	AO	↔	A5 핀
	DO	↔	연결안함
	GND	↔	GND
	VCC	↔	5V

❶ LED의 (+)를 아두이노의 11번 핀에 연결

❷ 두 LED의 (-)는 220Ω 저항에 연결하고 저항에서 다시 아두이노의 GND에 연결합니다.

❸ 토양수분센서는 A0핀을 아두이노의 A5에, VCC를 5V에, GND를 GND에 연결합니다.

✖ 다음 프로그램을 작성하여 보드에 업로드 해 봅시다.

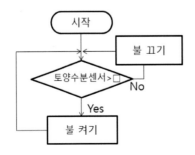

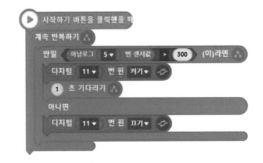

✕ 프로그램을 업로드한 후 실행되는지 확인해 봅시다.

• 토양 센서에 물을 뿌리면 파란불이 들어오는지 확인합니다.

✕ 미술 작품에 적용해 봅시다.

• 기존의 작품에 프로그래밍 효과를 가미하여 색다른 효과를 연출해 봅시다.
• 나무(혹은 소품)에 물을 주면 열매가 열리는 느낌을 표현해 봅시다

✕ 생각 더하기

• 작품에서 어떤 효과를 기대할 수 있을까요?
• 친구들의 아이디어에 새로운 생각을 더해 봅시다.

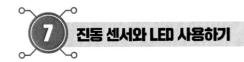

7 진동 센서와 LED 사용하기

🤖 손을 흔들면 불이 켜지는 효과를 연출해 봅시다.

✖ 센서를 알아봅시다.

• 진동 센서(SW-420)

진동 센서를 흔들면 구슬 같은 것이 움직이는 소리가 들립니다. 그것이 흔들리면서 진동(움직임)을 감지하면 디지털신호를 보내게 되어 있습니다. 아두이노에서는 이 신호를 받아서 원하는 동작을 하도록 프로그래밍할 수 있습니다. 진동 센서는 만보기나 도난경보장치에도 쓰입니다. 자동차나 오토바이 등을 누군가 건드리게 되면 진동이 일어나고 진동 센서가 이것을 감지해서 사이렌을 울리거나 LED를 켜거나 하는 것입니다.

✖ 진동 센서를 사용하여 회로도를 구성해 봅시다.

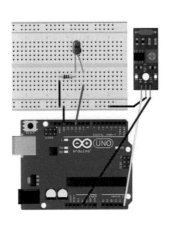

센서부품		↔	아두이노
LED	+	↔	11번 핀
	-	↔	220Ω 저항 ↔ GND
진동 센서	VCC	↔	VCC
	⏛	↔	GND
	DO		A5 핀

❶ LED의 (+)를 아두이노의 11번 핀에 연결

❷ LED의 (-)는 220Ω 저항에 연결하고 저항에서 다시 아두이노의 GND에 연결합니다.

❸ 진동 센서는 DO핀을 아두이노의 A5에, VCC를 5V에, GND를 GND에 연결합니다.

✖ 다음 프로그램을 작성하여 보드에 업로드 해 봅시다.

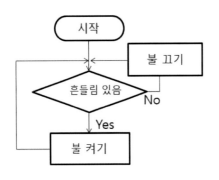

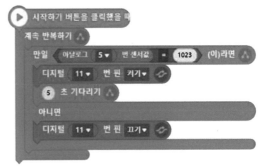

✖ 프로그램을 업로드한 후 실행되는지 확인해 봅시다.

- 보통의 센서들은 0~1023 사이의 아날로그 값을 가집니다.
- 진동 센서는 0의 값을 보이다가 움직임을 감지하면 1023의 값을 보입니다.
- 디지털 값을 갖는 진동 센서의 성질을 이용하여 센서 값이 1023일 때 불이 켜지 도록 하였습니다.
- 센서를 흔들거나 손을 툭툭 쳤을 때 불이 들어오는지 확인합니다.

 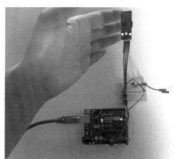

✖ 미술 작품에 적용해 봅시다.

- 기존의 작품에 프로그래밍 효과를 가미하여 색다른 효과를 연출해 봅시다.
- 그림 속에 인물이 있다면 손을 흔들어 봅시다.

✖ 생각 더하기

- 작품에서 어떤 효과를 기대할 수 있을 까요?
- 친구들과 아이디어에 새로운 생각을 더 해 봅시다.

8 소리 센서와 LED 사용하기

소리에 반응하여 불이 켜지는 효과를 연출해 봅시다.

✖ 센서를 알아봅시다.

- 소리 센서

소리 센서는 외부의 소리에 반응을 하는 센서로 소리의 높낮이와 관계 없이 크기(db)에 반응을 합니다. 소리를 감지하는 소자로 가장 많이 사 용되는 것이 마이크인데 소리 센서들은 모두 마이크를 통해 소리를 감 지하고 이를 신호로 출력합니다. 신호를 증폭하는 기능이 있는 경우는 소리를 읽어 들이는 감도가 높고 그렇지 않은 모듈은 감도가 낮은 편입 니다. 소리의 감도는 포텐셔미터로 어느 정도 조절됩니다.

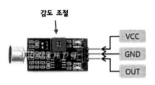

✖ 소리 센서를 사용하여 회로도를 구성해 봅시다.

센서부품			아두이노
LED	+	↔	11번 핀
	-	↔	220Ω 저항 ↔ GND
진동 센서	VCC	↔	VCC
	ㅜ	↔	GND
	DO		A5 핀

❶ LED의 (+)를 아두이노의 11번 핀에 연결

❷ LED의 (-)는 220Ω 저항에 연결하고 저항에 서 다시 아두이노의 GND에 연결합니다.

❸ 진동 센서는 DO핀을 아두이노의 A5에, VCC 를 5V에, GND를 GND에 연결합니다.

✖ 다음 프로그램을 작성하여 보드에 업로드 해 봅시다.

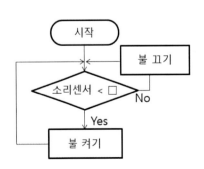

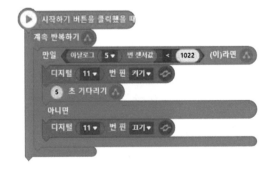

✖ 프로그램을 업로드한 후 실행되는지 확인해 봅시다.

- 소리 센서는 지속성을 가진 일정 데시벨 이상의 소리가 있어야 소리를 감지합니다.
- 마이크에 소리를 넣거나, 노크소리, 박수 소리 등으로 불이 들어오는지 확인합니다.

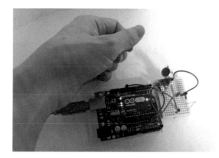

✖ 미술 작품에 적용해 봅시다.

- 기존의 작품에 프로그래밍 효과를 가미하여 색다른 효과를 연출해 봅시다.
- '시드니의 오페라'에 박수 소리로 불꽃을 만들어 봅시다.

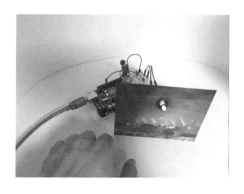

✖ 생각 더하기

- 어떤 작품에서 또 다른 효과를 기대할 수 있을까요?
- 서로의 아이디어를 교환하며 새로운 생각을 더해 봅시다.

9 **거리 센서와 서보 모터 사용하기**

가까이 다가가면 사물이 움직이는 효과를 연출해 봅시다.

✖ 모터를 알아봅시다.

• 서보 모터 (Servo motor)

"추종한다", "따른다"라는 서보(servo)의 뜻처럼 명령에 따라 제어되는
모터를 서보 모터라고 합니다. 움직임을 지정하면 원형으로 돌아가는 일
반 모터와 달리 제어계측 회로에 의해 정확히 정도만큼 움직일 수 있는
모터란 뜻입니다. 가장 많이 사용하는 서보 모터는 SG90인데 단방향으
로 180도까지 회전할 수 있으며 로봇의 관절에 많이 이용합니다. 레드
선은 VCC, 브라운 선은 GND, 오렌지 선은 데이터 송수신용입니다.

✖ 서보 모터 사용을 위해 〈아두이노 확장 모드〉로 연결해 봅시다.

• 블록 꾸러미의 <하드웨어>-<연결 프로그램 열기> 클릭후 <아두이노 Uno 확
  장보드> 선택

• 드라이버 설치 및 펌웨어 설치를 진행하여 아두이노를 연결합니다. 소리 센서
  를 사용하여 회로도를 구성해 봅시다.

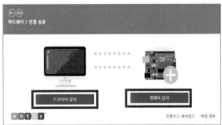

✽ 거리 센서와 서보 모터를 사용하여 회로도를 구성해 봅시다.

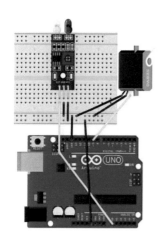

센서부품		아두이노	
적외선 센서	VCC	↔	VCC
	GND	↔	GND
	OUT	↔	A0 핀
서보 모터	오렌지	↔	9번 핀
	레드	↔	VCC
	브라운	↔	GND

❶ 서보 모터의 오렌지는 아두이노의 9번핀에, 레드는 아두이노의 VCC, 브라운은 아두이노의 GND에 연결합니다.

❷ 적외선 센서는 OUT핀을 아두이노의 A0에, VCC를 5V에, GND를 GND에 연결합니다.

✽ 다음 프로그램을 작성하여 보드에 업로드 해 봅시다.

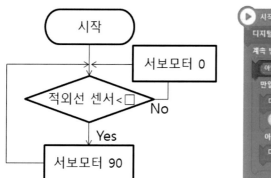

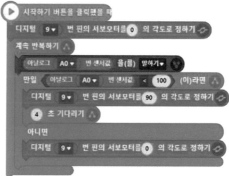

✽ 프로그램을 업로드한 후 실행되는지 확인해 봅시다.

• 거리 센서에 손을 가까이 가져가면 서보 모터가 움직이는 것을 확인합니다.

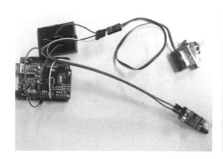

✖ 미술 작품에 적용해 봅시다.

- 기존의 작품에 프로그래밍 효과를 가미하여 색다른 효과를 연출해 봅시다.
- '화가의 정원'에 움직이는 식물을 만들어 봅시다.

✖ 생각 더하기

- 어떤 작품에서 색다른 효과를 기대할 수 있을까요?
- 친구들의 아이디어에 새로운 생각을 더해 봅시다.

10 거리 센서와 DC 모터 사용하기

가까이 다가가면 사물이 돌아가는 효과를 연출해 봅시다.

✄ 모터를 알아봅시다.

• DC 모터

DC 모터는 직류(DC: Direct Current)를 전원으로 동작하는 전기모
터로 직류모터라고도 합니다. 외부에 영구자석을 배치하고 내부의
회전체에 코일을 사용하여 전류의 방향을 전환함으로써 발생하는
전자기장의 상호 반발력을 이용하여 회전력을 얻습니다. 다른 구동
장치에 비해 가볍고 구조가 간단하여 선풍기, 냉장고 등 가전제품부
터 전기자동차, 고속 열차 등 운송수단까지 광범위하게 사용되고 있
습니다.

자료 출처: 코코아팹
(/www.kocoafab.cc)

✄ 소리 센서를 사용하여 회로도를 구성해 봅시다.

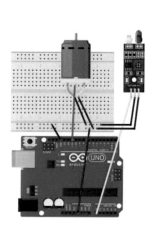

센서부품		↔	아두이노
LED	+	↔	11번 핀
	-	↔	220Ω 저항 ↔ GND
진동 센서	VCC	↔	VCC
	ㅡ	↔	GND
	DO		A5 핀

❶ DC 모터 프로펠러의 S핀은 아두이노의 9번핀에, V핀
은 아두이노의 VCC, G핀은 아두이노의 GND에 연결
합니다.

❷ 적외선 센서는 OUT핀을 아두이노의 A0에, VCC를 5V
에, GND를 GND에 연결합니다.

✄ 다음 프로그램을 작성하여 보드에 업로드 해 봅시다.

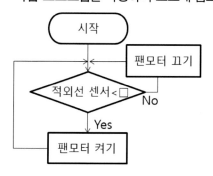

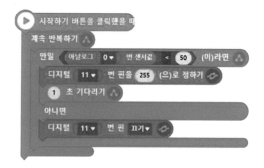

✖ 프로그램을 업로드한 후 실행되는지 확인해 봅시다.

• 거리 센서에 손을 가까이 가져가면 DC 모터 프로펠러가 돌아가는 것을 확인
합니다.

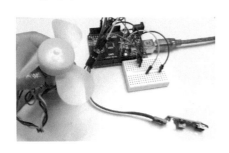 

✖ 미술 작품에 적용해 봅시다.

• 기존의 작품에 프로그래밍 효과를 가미하여 색다른 효과를 연출해 봅시다.

• '풍차' 그림에 시원한 바람을 실어 봅시다.

✖ 생각 더하기

• 작품에서 어떤 효과를 기대할 수 있을까요?

• 친구들과 아이디어를 나누며 새로운 생각
을 더해 봅시다.

11 그림에 상상을 더하여 표현하기

단원	8. 새로운 미술의 탄생
학습 주제	아두이노와 엔트리를 활용하여 설치 미술 제작하기
성취 기준	• 문제를 해결하는 프로그램을 만드는 과정에서 순차, 선택, 반복 등의 구조를 이해한다. • 다양한 발상 방법으로 아이디어를 발전시킬 수 있다. • 다양한 자료를 활용하여 아이디어와 관련된 표현 내용을 구체화할 수 있다.
핵심 역량	핵심역량 자기관리, 지식정보처리, 창의적 사고, 심미적 감성 창의인성 확산적 사고, 상상력, 흥미, 열정
학습 자료	그림, 아두이노 보드, 센서, 부품

단계	학습 절차	학습 요소	교수·학습 과정	지도상의 유의점
도입	목적 설정	학습 흥미 유발	• 레오나르도 다빈치의 노트에 담긴 상상력을 엿보며 여러 작품에 들어있는 아이디어를 나누어본다.	• 오토마타 작품 자료 • 아두이노 작품 자료 • 샤갈 작품 〈에펠탑의 신랑 신부〉 〈도시 위에서〉 〈나와 마을〉
		주제 제시	• 아두이노를 활용하여 기존의 그림을 새로운 감각으로 재탄생시켜보자.	
전개	계획	계획하기	• 모둠별로 표현을 바꾸고 싶은 미술 작품을 선택한다. • 사용할 센서와 액추에이터를 정하여 센서를 활용한 새로운 작품을 계획한다. | 센서	빛 센서, 거리 센서, 온도센서, 소리 센서, 진동 센서, 불꽃센서, 수분감지센서 등
액추에이터	LED, 피에조 부저, 서보 모터, DC 모터 등	 • 센서 값을 사용하여 어떠한 과정으로 액추에이터를 작동시킬 것인지 알고리즘(순서도)로 나타내어 보도록 한다.	• 모둠원의 토의와 협력을 통해 새로운 작품을 디자인하고 소프트웨어의 효과를 구현하기 위한 방법을 찾도록 한다. • 효과적인 표현을 위한 프로그래밍을 구안하도록 한다. 프로그래밍에 어려움을 겪을 경우 기존의 활동을 수정하여 문제를 해결하게 하는 것도 좋다. • 그림 뿐 아니라 학생들이 원하는 경우 오브제 작품도 가능하며 학생들이 직접 그림 작품을 사용해도 좋다.
		수행 방법 알아보기	• 새로운 작품을 위한 그림이나 이미지를 준비한다. • 아두이노 보드의 사용법과 엔트리를 이용한 프로그래밍 방법을 구안한다. • 문제해결에 필요한 센서와 필요한 센서 값에 따라 작동할 액추에이터를 정한다. • 센서 값을 사용하여 어떠한 과정을 거쳐 액추에이터를 작동시킬 것인지 알고리즘으로 나타내어보도록 한다.	
	실행	활동하기	• 보드를 연결하고 프로그램을 실행하여 순서도에 따라 프로그래밍 한다. • 회로도를 동작시켜보고 오류를 수정하며 효과적인 프로그램을 완성해나간다. • 가능한 많은 방법을 탐색한 뒤 토의와 토론을 통해 가장 효과적인 방법을 찾도록 한다.	• 프로그래밍 활동지 • 학습 동영상

		•모둠별로 작품 전시회를 열거나 영상을 찍어 홈페이지나 밴드에 작품을 공유한다.	•서로의 작품에 대한 생각을 공유하여 아이디어의 지속적인 확장을 돕는다.
정리	평가	•작품 전시나 유튜브 방송 등을 통해 많은 사람들에게 공개하도록 한다. •서로의 작품에서 기발하고 창의적인 점을 찾아 포스트잇 혹은 댓글 달아주기 등 피드백을 제공한다.	
평가 계획		•문제 해결에 필요한 알고리즘을 계획할 수 있는가? •순차, 반복, 조건을 사용하여 센서 값을 활용하여 프로그래밍 할 수 있는가? •모둠이 협력하여 기존의 작품을 창의적으로 재해석하여 표현하였는가?	•수업의 전 과정에서 교사의 발문을 통한 피드백을 제공한다.

[수업 성장 노트] 반드시 그림이나 미술 작품을 바꾼다는 생각에서 벗어나 여러 가지 활동과 접목하여 창의적인 아이디어의 구상으로 나아갈 수 있도록 한다.

12 갤러리를 열고 서로의 작품 감상하기

🤖 **다른 팀들이 만든 작품 설명을 듣고 의견을 나누어 봅시다.**

✖ 여러 팀의 작품 전시를 돌아본 후 느낀 점을 말해 봅시다.

- 모둠별 전시 코너를 돌면서 자신의 생각을 포스트잇에 적어 붙이도록 합니다.
- 전시가 끝난 후 질의응답의 시간을 갖고 서로의 아이디어를 확장하는 기회를 갖습니다.
- 좋은 점과 아쉬운 점을 함께 생각해보면서 당연하게 생각해온 것을 비판적 관점에서 접근해봅니다.
- 다른 팀의 발표 내용에 경청하고 자신의 생각과 비교해보도록 합니다.

✖ 아이디어 옥션

- 학급 밴드나 유튜브 중계를 통해 옥션을 주최해 봅시다.
- 상한가를 정하고 모둠별로 작품의 가치나 주제를 설명한 후 옥션을 개최합니다.
- 가격에 따라 적절한 보상물(쿠폰, 사탕 등)과 바꿀 수 있도록 합니다.

🤖 **다른 팀들이 제작한 작품을 평가해봅시다.**

팀 이름		제 점수는요	☆☆☆☆☆
작품 이름			☆☆☆☆☆
평가 기준	예) 아름다움, 디자인, 독창성		
좋은 아이디어			
아쉬운 점			

✖ 많은 사람들이 참여하는 평가

- 학급 안에서만 평가가 이루어지기보다는 평가에 참여하는 사람들이 많은 것이 좋습니다.
- 많은 사람들의 반응을 얻을수록 평가에 대한 신뢰도가 높아집니다.
- 심사자는 교사가 정하여 학생들이 득점에 유리한 심사자를 선택하지 못하도록 합니다.

✖ 일정기간 동안 결과물 전시하기

- 가장 많은 별을 모은 팀에게는 적절한 보상을 제공하여 학생들이 즐거움을 얻도록 합니다.
- 시연과 발표로 끝나는 것이 아니라 일정 기간 동안 작품을 전시하여(학급밴드, 학예회 등) 자신들이 만든 작품에 대한 자부심을 충분히 느끼도록 합니다.

🤖 작품 만들기의 전 과정과 결과를 돌이켜보고 자기 평가를 해봅시다.

✖ 러닝로그

- 프로젝트 학습장(러닝로그)를 활용하여 자신의 학습 과정에 대한 성찰을 돕습니다.
- 학생들의 러닝로그를 교사의 관찰과 함께 평가 자료로 활용합니다.
- 참고자료: https://blog.naver.com/dulcinea012/222039623376

✖ 자기 상호 평가지

- 평가 준거별로 우리팀 동료평가(회색 칸)와 자기평가(흰색 칸)를 구분하여 기록합니다.
- 자신의 주관적 평가와 친구들의 객관적 평가를 비교해볼 수 있습니다.
- 평가 결과를 수량화하지 않고 앞으로의 활동 개선을 위한 자료로 활용하도록 합니다.

평가요소	평가 준거		
	상	중	하
프로그래밍 활동	순차와 조건 구조를 이해하여 문제 해결의 과정에 전략적으로 사용하였다.	모둠원의 협력과 선생님의 조언으로 문제해결을 위한 프로그래밍을 완수하였다.	문제해결 절차를 구안하는데 어려움을 겪었고 프로그래밍을 완수하지 못하였다.
참여와 태도	프로젝트 전 과정에 적극적으로 참여하고 자신의 역할을 열심히 하였다.	프로젝트 과정에 빠짐 없이 참여하였으나 역할 수행에서 노력이 다소 부족했다.	프로젝트 활동에 소극적으로 참여하고 제 역할을 하지 못했다.
흥미와 관심	자신의 관심과 적성에 따라 능동적으로 주제와 활동을 선택하였다.	대체로 팀원의 권유와 의견에 따라 주제와 활동을 선택하였다.	나의 의지와 상관없는 선택이었고 활동에 주도적으로 임하지 못했다.
산출물 제작	모둠원과 협력하여 아두이노를 활용한 창의적인 작품을 계획하고 완성하였다.	아두이노를 활용하여 작품을 계획하였으나 완성도가 다소 미흡하다.	계획에서 완성까지 협력과 노력이 다소 부족하여 작품을 완성하지 못했다.
경청과 평가	다른 팀의 작품 발표를 귀 기울여 듣고 작품의 장단점을 분석할 수 있었다.	다른 팀의 발표를 들었으나 특별한 점을 찾을 수 없었다.	다른 팀의 발표 내용에 귀 기울여 듣지 못했다.
새로운 아이디어	프로젝트 활동의 전과정에서 아이디어를 지속적으로 수정·보완하였다.	새로운 아이디어를 생성하기보다는 처음 계획에서 크게 벗어나지 않았다.	프로젝트 활동의 과정에서 특별한 아이디어를 생성할 수 없었다.
프로젝트 탐구를 통해 성장한 것			
학생들의 별점			
선생님 총평			

✪ 프로젝트❷ 개요

프로젝트 주제	아두이노를 활용하여 에너지를 절약하는 스마트 하우스를 제작해보자.	
프로젝트 목표	환경과 에너지 문제는 항상 교육의 주요 이슈로 다루어지는 범교과 학습 주제입니다. 6학년 교육과정에서는 지구촌의 자원부족, 전기에너지의 효율적인 이용과 관련하여 에너지 사용문제에 대하여 조명하고 있으므로 교육과정과 자연스럽게 연계하면서 실생활의 문제 해결을 지향하는 활동주제로 선정하였습니다. 이 활동은 프로그래밍을 통한 컴퓨팅 사고력은 물론 협업과 집단지성을 통해 인류 공동의 문제 해결하는 과정에서 모든 인류의 웰빙을 추구할 수 있는 변혁적 역량을 기르고자 합니다.	
운영 시기	6학년 동아리	**프로젝트 유형** 디자인 챌린지
산출물 형태	에너지를 절약하는 그린 스마트하우스 만들기	

✪ 교과 및 성취기준

교과	성취기준
창체	창의주제활동: 다양한 센서와 아두이노를 활용한 스마트 하우스 만들기
실과	[6실04-08] 절차적 사고에 의한 문제 해결의 순서를 생각하고 적용한다. [6실04-09] 프로그래밍 도구를 사용하여 기초적인 프로그래밍 과정을 체험한다. [6실04-11] 문제를 해결하는 프로그램을 만드는 과정에서 순차, 선택, 반복 등의 구조를 이해한다.
사회	[6사08-04] 지구촌의 평화와 발전을 위해 노력하는 다양한 행위 주체(개인, 국가, 국제기구, 비정부 기구 등)의 활동 사례를 조사한다.
과학	[6과17-02] 자연 현상이나 일상생활의 예를 통해 에너지의 형태가 전환됨을 알고, 에너지를 효율적으로 사용하는 방법을 토의할 수 있다.
성취기준 재구성	[활동 주제] 그린 스마트 하우스 만들기 [성취기준] 지구촌의 지속가능한 발전을 위해 에너지를 효율적으로 사용할 수 있는 스마트하우스를 설계한다.
2015개정 핵심역량	자기관리, 정보처리, 창의적 사고, 심미적 감성, 의사소통, 공동체 역량
일반화 지식	미래사회의 바람직한 변화를 위해서는 지구촌의 인류가 함께 노력해야 한다.

이 프로젝트는 아두이노 스케치를 활용하여 스마트 하우스를 제작하는 활동입니다. 대부분의 아이들이 블록형 언어인 엔트리에 익숙하기 때문에 텍스트형 언어는 무척 생소할 것입니다. 그러므로 학생들의 특성을 고려하여 SW동아리나 정보영재학급, 혹은 중학교 1~2학년 정도의 수준에서 적당한 주제입니다. 일반학급에서 수업을 운영한다면 교사가 프로그램을 업로드해서 주고 학생들은 스마트하우스의 원리를 체험하는 정도의 활동으로 운영하면 좋습니다. 대부분의 피지컬 교구는 컴퓨터와 통신을 주고받는 상태에서만 동작하기 때문에 실생활에서의 전자제품 사용 경험과는 차이를 보입니다. 우리가 전기청소기를 쓸 때마다 청소기에 동작을 명령하는 서버 컴퓨터를 켜야 하는 것은 아니죠? 아두이노 스케치를 사용하여 아두이노 보드에 프로그램을 업로드 해두면 컴퓨터와 보드를 분리해도 건전지로 전력을 공급하면 프로그램이 작동됩니다. 이러한 전자제품의 원리를 체험함으로써 학생들은 자신이 사용하는 모든 전자제품 속에 특정 기능을 수행하는 소프트웨어가 내장되어 있음을 알 수 있고 수업은 자신의 삶과 강력히 연결되는 것입니다. 본 활동에서는 교사가 기본코드와 설명을 제공하고 학생들은 자신이 할 수 있는 수준에서 코드를 바꾸어보거나 그대로 활용하였습니다. 노트북이 부족하고 공간상의 제약도 있어서 스마트 하우스 한 채에 여러 대의 컴퓨터를 연결하여 사용할 수 없는 현실적인 이유도 크게 작용하였습니다.

✪ 프로젝트 차시 계획

순서	활동 내용	시수
1	[창체] 아두이노 알아보기 -아두이노와 스케치 프로그램 연결하기, 아두이노UNO 보드 살펴보기	1
2	[창체] 여러 가지 센서 알아보기 -우리 생활에서 사용되는 여러 가지 센서 알아보기 -여러가지 제품에 사용되는 센서와 소프트웨어의 활용에 대해 이해하기	1
3	[창체] 아두이노 스케치를 사용하여 프로그래밍 하기 -LED 제어하기	1
4	[창체] 빛 센서와 LED 사용하기 -어두워지면 불이 켜지는 실외등	1
5	[창체] 거리 센서와 LED 사용하기 -사람이 가까이가면 불이 켜지는 현관 센서등	1
6	[창체] 소리 센서와 LED 사용하기 -소리가 들리면 불이 켜지는 취침등	1
7	[창체] 거리 센서와 서보 모터 사용하기 -자동차가 다가가면 열리는 주차 차단기	1
8	[창체] 거리 센서와 DC 모터 사용하기 -사람이 가까이 가면 돌아가는 선풍기	1
9	[창체] 물수위 센서, 부저 사용하기 -물이 넘치면 경고음이 울리는 세면대	1
10	[창체] 친환경 에너지 주택 만들기	2
11	[창체] 다양한 센서를 활용하여 스마트하우스 기능 완성하기	2
12	[창체] 완성된 스마트하우스 발표하고 평가하기	1

✪ 평가 계획

단계	수행 기준			
계획	• 지구촌의 에너지 사용 문제에 대한 문제의식을 가지는가? • 사람들의 주거 생활에서 에너지를 절약할 수 있는 아이디어를 말할 수 있는가?			
	도달도		피드백	재도전 결과
	도달( )	미도달( )		
성장 과정	• 팀원과 원만하게 의사소통하면서 스마트하우스 만들기에 참여하였는가? • 문제해결 과정에서 어려움을 겪은 부분에 대해 적절한 조언과 도움을 구하는가? • 팀 내에서 자신이 맡은 역할에 대해 책임을 다 하는가?			
	도달도		피드백	재도전 결과
	도달( )	미도달( )		
	도달( )	미도달( )		
최종 산출물	• 팀원과 함께 끝까지 노력하여 공동의 결과물을 완성하였는가? • 토의 과정을 거쳐 결과물을 창의적으로 발전시킬 수 있었는가? • 부품의 특성을 잘 활용하여 에너지를 절약할 수 있는 주거공간을 구성하였는가?			
	도달도		피드백	재도전 결과
	도달( )	미도달( )		
공유 및 성찰	• 자신과 친구들의 학습 과정에 대한 피드백을 생성하는가? • 프로젝트의 전 과정에서 자신의 생각을 발전시키거나 새로운 아이디어를 생성할 수 있는가? • 지구촌의 에너지 문제에 대해 세계시민으로서의 책임감을 갖게 되었는가?			
	도달도		피드백	재도전 결과
	도달( )	미도달( )		
평가 방법	포트폴리오, 러닝로그를 활용한 지필평가, 상호관찰평가, 자기평가			

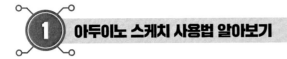
1 아두이노 스케치 사용법 알아보기

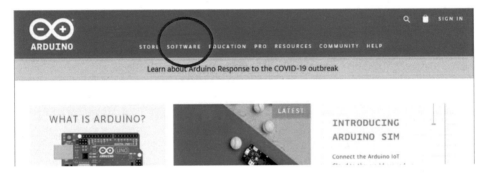
아두이노 스케치(IDE)를 설치해 봅시다.

✖ https://www.arduino.cc/에 접속합니다.

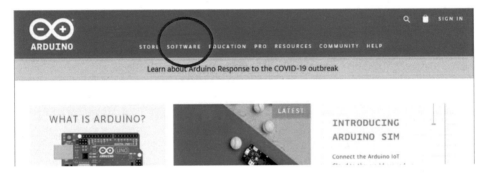

✖ 〈SOFTWARE〉 메뉴를 선택하여 〈DOWNLOADS〉를 클릭합니다.

✖ 윈도우용 설치 파일을 선택하고 〈JUST DOWNLOAD〉를 클릭합니다.

 아두이노 스케치를 실행시켜 봅시다.

• 설치를 완료한 후 아두이노 스케치 프로그램을 실행하면 다음 화면이 나타납니다.

❶ 툴: 연결할 보드와 포트를 설정합니다.

❷ 코드 입력창: 명령어를 입력하여 프로그램을 작성합니다.

❸ 확인: 컴파일 과정을 거쳐 프로그램 이상 유무를 확인합니다.

❹ 업로드: 컴파일 과정에서 이상이 없을 시 보드에 프로그램을 업로딩합니다.

❺ 시리얼모니터: 컴퓨터와 아두이노 간의 통신 상태를 확인할 수 있습니다.

❻ 메시지창: 컴파일 과정과 업로드 결과를 알려줍니다.

❼ 콘솔창: 컴파일과 업로드 과정을 자세히 설명합니다.

🤖 아두이노 스케치의 아두이노 제어 과정을 알아봅시다.

✖ 아두이노 통합개발환경

- 통합개발환경은 IDE 혹은 스케치라고도 불리며, 프로그램을 작성하여 보드에 업로드 시키는 프로그램입니다.

✖ 아두이노 스케치와 아두이노 Uno보드의 입력, 제어, 출력을 알아봅시다.

- 입력, 제어, 출력은 센서, 아두이노 스케치, 엑츄에이터(동작 장치)를 통해 이루어집니다.
- 아두이노 보드는 A0~A5 번 핀을 통해 센서로 들어오는 입력값을 받게 됩니다.
- 센서 값을 이용하여 원하는 기능을 아두이노 스케치로 프로그래밍하면 2~11번 핀에 연결된 부품에 특정 동작을 명령할 수 있습니다.

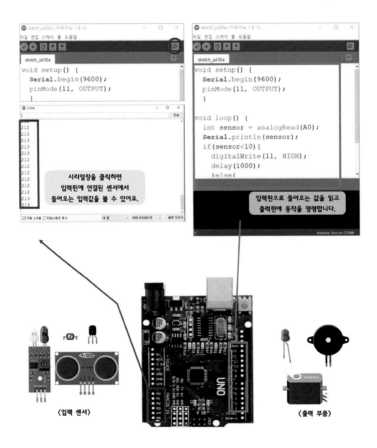

✖ 아두이노 Uno보드의 입력핀과 출력핀을 구분해 봅시다.

- 아두이노 Uno 보드에서 센서 값을 입력받는 곳은 A0, A1, A2, A3, A4, A5 번 핀입니다.
- 아두이노 A0~A5 번 핀을 통해 들어오는 입력값을 받게 됩니다.
- 프로그래밍에 따라 2~11번 핀에 특정 동작을 명령하게 됩니다.
- 2, 4, 7, 8, 12, 13번 핀은 디지털 값의 입출력에 사용됩니다.
- 3, 5, 6, 9, 10, 11번 핀은 디지털, 아날로그 겸용으로 입출력에 사용됩니다.

	입력 핀						통신		입출력 핀											
핀 번호	A0	A1	A2	A3	A4	A5	0	1	2	4	7	8	12	13	3~	5~	6~	9~	10~	11~
데이터 형식	아날로그 데이터 입력 (0~1023 사이의 가변값)						수신	송신	디지털 전용 (0과 1)						아날로그/ 디지털 겸용					
사용가능 부품	온도센서, 적외선 센서, 거리 센서, 불꽃센서, 소리 센서, 토양수분센서						시리얼 통신		푸쉬 버튼, 스위치 LED, 피에조 부저						RBG LED, 서보 모터 DC 모터, 팬모터					

✖ 아두이노 UNO보드의 스펙은 다음과 같습니다.

> 마이크로 컨트롤러 ATmega328, 동작전압 5V, 입력전압(권장) 7V-12V, 입력전압(제한) 6-20V, 디지털 입출력 핀 14개 (PMW 출력 제공 6개), 아날로그 입력 핀 6개, I/O핀 40mA당 DC전류, 플래시 메모리 32KB (5KB 부트로더 사용), SRAM 2KB (ATmega328), EEPROM 1KB (ATmega328)클럭 속도 16MHZ, 길이 68.6mm, 폭 53.4mm, 무게 25g

아두이노 UNO 보드는 0~13까지 14개의 디지털 입/출력 핀을 통해 디지털 정보를 출력하거나 입력 받을 수 있고 A0~A5의 6개 아날로그 입력핀을 통해 센서의 정보를 받아들여 제어에 활용할 수 있습니다. PWM 출력과 시리얼 통신이 가능해서 모터와 다양한 통신제어도 가능합니다. 디지털 핀들은 5V로 작동되며 최대 40mA를 출력하거나 입력 받을 수 있고, 20~50KΩ의 풀업 저항을 내장하고 있습니다.

✖ 아두이노 스케치의 프로그램 구조를 알아봅시다.

- 아두이노 스케치의 프로그램은 <설정>과 <실행>부분으로 나뉩니다.

입력핀과
출력핀
설정

프로그램
무한반복 실행

✖ 아두이노 스케치 프로그램 작성의 기본 요소

중괄호	{ }	• 함수 혹은 여러 명령을 하나로 묶기 위해 사용합니다.
세미콜론	;	• 명령의 끝을 나타냅니다.
주석	/ / /* */	• 코드에 대한 메모를 적을 때 사용합니다. • 프로그램 실행에는 아무런 영향을 주지 않습니다. • 한 줄 주석: // 메모내용 여러 줄 주석: /* 메모 내용 */
라이브러리 추가	#include	• 외부 라이브러리를 스케치 안에 포함시킬 때 씁니다.
명령어		• 대문자와 소문자를 구분하여 작성합니다.

✖ 아두이노 스케치의 프로그램 명령어를 알아봅시다.

```
void setup( ) {
  pinMode (10, OUTPUT) ;
  }
void loop( ) {
  digitalWrite (10, HIGH) ;
  delay (1000) ;
  digitalWrite (10, LOW) ;
  delay (1000) ;
  }
```

// 프로그램 설정
// 10번 핀을 출력 핀으로 설정

// 무한반복
// 10번 핀에 전력 공급
// 1초(1000밀리초) 지속
// 10번 핀에 전력 차단
// 1초(1000밀리초) 지속

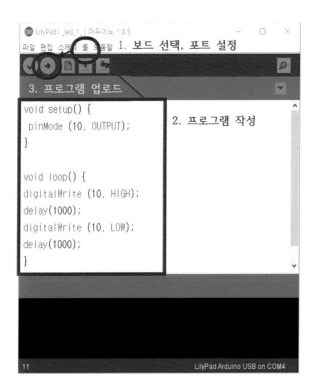

✕ 프로그램 실행 순서는 다음과 같습니다.

❶ 보드 선택 후 포트를 설정합니다.

<툴>-<보드>에서 <Arduino Uno> 선택

<툴>-<포트>를 클릭하여 연결 가능한 포트를 선택합니다. 이때 COM1, COM2
를 제외한 포트를 선택하도록 합니다.

포트 번호는 컴퓨터 마다 다릅니다.

❷ 코드입력창에서 코드를 작성합니다.

❸ ☑ ➡ 클릭하여 코드 컴파일 후 아두이노 보드에 업로드합니다.

❹ 업로드가 완료되면 '업로드 완료' 문구와 함께 프로그램이 실행됩니다.

LED에 불이 들어오는 전기회로를 구성해 봅시다.

✖ 브레드보드의 특징을 알아봅시다.

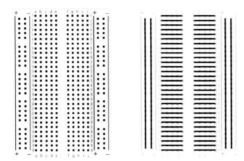

브레드보드 (breadboard)는 사용자가 회로에 특정 부품을 추가, 제거하여 회로를 변경 할 수 있도록 부품을 꽂을 수 있는 기판으로 집적회로나 각종 부품 모듈을 꽂은 모습이 트레이에 여러 가지 빵을 담은 것처럼 보인다는 뜻에서 이름 붙여졌다고 합니다.

✖ 브레드보드의 특징을 알아봅시다.

LED (light emitting diode)는 전류가 흐를 때 빛을 내는 '발광 다이오드'입니다. 다이오드란 Ga(갈륨), P(인), As(비소)를 재료로 하여 만들어진 반도체로 두 극으로 된 이극체를 말합니다. 즉 양극과 음극을 모두 가진 장치로, 전자를 발생시키기 쉬운 전자를 주는 물질과 전자를 잘 받는 물질을 접합시켜 전류가 흐르게 만든 소자입니다. 전기회로를 구성할 때는 다리가 긴 쪽을 (+), 다리가 짧은 쪽을 (-)에 연결하여 전류가 흐르게 합니다.

✖ 저항을 알아봅시다.

저항은 전기가 잘 흐르지 못하도록 방해하는 부품을 말합니다. 아두이노에서 사용하는 저항은 주로 막대저항이며 극성이 없어 (+) (-) 방향에 상관없이 연결하여 사용합니다. 그렇다면 어떤 크기의 저항을 써야 할까요?

단일 저항을 연결하기 위한 방법은 다음과 같습니다.

(입력 전압 - 구동 전압) / (구동 전류)

LED는 아두이노를 통해 5V를 입력 받지만 LED의 구동전압은 2V, 구동 전류는 60mA 이므로 (5-2) / (0.06) = 200, 즉 LED는 200옴이나 그와 비슷한 저항을 사용해주어야 합니다.

1, 2번째 띠는 숫자 그대로, 3번째 띠는 제곱수, 마지막 띠는 저항의 오차를 의미합니다.

검, 갈, 빨, 주, 노, 초, 파, 보, 회, 흰, 금, 은 순으로

(0), (1), (2), (3), (4), (5), (6), (7), (8), (9)입니다.

왼쪽의 저항은 Ω = 10 kΩ ± 5%

아두이노 스케치로 프로그래밍하여 LED를 제어해 봅시다.

☛ LED 제어를 위한 회로도를 구성해 봅시다.

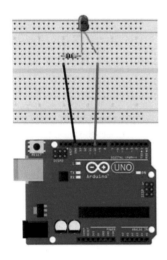

센서부품			아두이노
LED	+	↔	10번 핀
	-	↔	220Ω 저항 ↔ GND

❶ LED의 (+)를 아두이노의 10번 핀에 연결합니다.
   10번 핀을 통하여 LED 제어명령이 출력됩니다.

❷ LED의 (-)는 220Ω 저항에 연결하고 저항에서 다
   시 아두이노의 GND에 연결합니다.
   • 브레드보드가 연결되어 있는 선을 생각하여 회
   로도를 꾸며봅시다.
   • 저항은 LED의 (+)쪽이나 (-)쪽에 연결합니다.

• 아두이노 스케치와 아두이노 Uno보드의 입력, 제어, 출력을 알아봅시다.
  - <파일>메뉴에서 <새 파일>을 클릭하여 새 프로그램을 작성합니다.
  - <툴>메뉴에서 <보드>를 클릭하여 "Arduino Uno"보드를 선택합니다.
  - <툴>메뉴에서 <포트>를 클릭하여 포트를 설정합니다. (COM1, COM2 제외하
    고 선택)

★아두이노 정품보드가 아닌 호환보드를 사용하는 경우는 CH341SER(아두이노 호환보드 드라이버)를 설
  치한 후 위 과정을 실행해야 합니다.

https://youtu.be/0Z0hGRzIij4

✖ 다음 프로그램을 작성하여 보드에 업로드 해 봅시다.

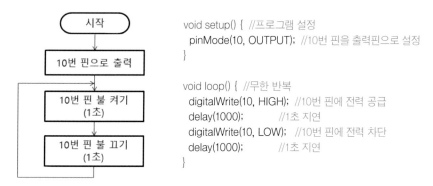

```
void setup() {  //프로그램 설정
  pinMode(10, OUTPUT);  //10번 핀을 출력핀으로 설정
}

void loop() {  //무한 반복
  digitalWrite(10, HIGH);  //10번 핀에 전력 공급
  delay(1000);           //1초 지연
  digitalWrite(10, LOW);  //10번 핀에 전력 차단
  delay(1000);           //1초 지연
}
```

· ☑를 클릭하여 컴파일[3] 완료를 확인하고 ➡를 클릭하여 프로그램 업로드를 확인합니다.

· 프로그램에서 오류가 발견되면 메세지창에 에러 메세지가 출력됩니다.

· 코드 입력창에 오류 발생 위치가 표시되므로 디버깅하여 다시 업로드합니다.

· "업로드 완료" 문구가 뜨면 프로그램 업로드 완료 및 프로그램이 실행됩니다.

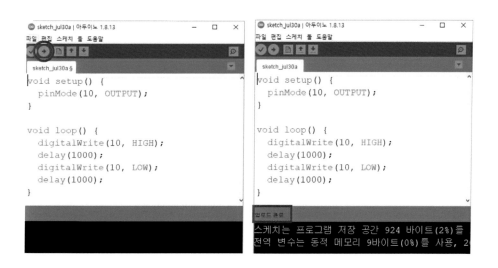

---

3) 프로그래밍 언어를 컴퓨터가 이해할 수 있는 언어로 번역하는 것

✖ 다음 프로그램을 작성하여 보드에 업로드 해 봅시다.

 수업 도움자료를 활용해 봅시다.

✖ 블로그

· https://blog.naver.com/dulcinea012/222048573452

✖ 유튜브 동영상

· 동영상을 활용하여 아두이노 사용방법을 알아보고 참고 작품을 감상합니다.

✖ QR코드

· 핸드폰으로 동영상과 관련 사진을 볼 수 있습니다.

아두이노 프로젝트❶   아두이노 프로젝트❷

✖ 자료 만들기

· 집 모형 구조물이 있으면 더 실감나는 경험이 될 수 있습니다.

· 하드보드지, 포맥스판, 3D 프린팅으로 집구조물을 만들어 사용할 수 있습니다.

· 직접 만들기 어렵다면 아이들이 갖고 놀던 하우스 형태의 장난감도 활용하기 좋습니다.

〈포맥스판을 활용하여 만든 자료 예시〉

〈수업 자료로 활용 가능한 것〉

<하드보드지를 활용하여 만든 자료 예시>

4 빛 센서와 LED 사용하기

🤖 어두워질 때만 불이 켜지는 LED등을 만들어 봅시다.

✖ 빛 센서를 사용하여 회로도를 구성해 봅시다.

센서부품			아두이노	
LED	+	↔	11번 핀	
	-	↔	220Ω 저항 ↔ GND	
빛 센서	구분없음		5V	
	구분없음		220Ω 저항 ↔ A0	
			↔ GND	

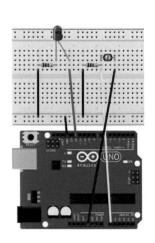

❶ LED의 (+)를 아두이노의 11번 핀에 연결합니다.

❷ LED의 (-)는 220Ω 저항에 연결하고 저항에서 다시 아두이노의 GND에 연결합니다.

❸ 빛 센서는 한 쪽에 220Ω 저항을 달고 저항의 양쪽을 각각 A0와 GND에 연결합니다.

• 브레드보드가 연결되어 있는 선을 생각하여 회로도를 꾸며봅시다.

• 저항은 LED의 (+)쪽이나 (-)쪽에 연결합니다.

✖ 프로그램 실행 과정을 살펴봅시다.

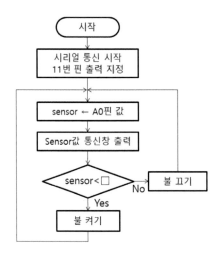

```
void setup() {
  Serial.begin(9600);
  pinMode(11, OUTPUT);
}

void loop() {
  int sensor = analogRead(A0);
  Serial.println(sensor);
  if(sensor<15){
    digitalWrite(11, HIGH);
    delay(1000);
  }else{
    digitalWrite(11, LOW);
    delay(1000);
  }
}
```

✖ 센서 값을 활용하여 아두이노 스케치로 프로그래밍 해 봅시다.

・프로그램을 업로드한 후 시리얼 창을 열고 들어오는 센서 값을 확인해봅니다.

・센서 값의 변화를 확인한 후 적절한 값을 조건에 입력하고 다시 업로드 합니다.

```
void setup() {                          // 프로그램 설정
  Serial.begin(9600);                   // 시리얼 통신 시작
  pinMode(11, OUTPUT);                  // 11번 핀을 출력핀으로 설정
  }

void loop() {                           // 무한 반복
  int sensor = analogRead(A0);          // senor에 A0 입력값 저장
  Serial.println(sensor);               // senor값 시리얼창에 출력
  if(sensor<15){                        // senor값이 15보다 작으면
    digitalWrite(11, HIGH);             // 11번 핀 불켜기
    delay(1000);                        // 1초 지연
    }else{                              // 아니라면
    digitalWrite(11, LOW);              // 11번 핀 불끄기
    delay(1000);                        // 1초 지연
    }
}
```

✖ 프로그램을 업로드한 후 실행되는지 확인해 봅시다.

・빛 센서를 손으로 살짝 가렸을 때 불이 들어오는지 확인합니다.

・어두워지면 불이 들어오는 실내등을 스마트 하우스에 적용해 봅시다.

✖ 생각 더하기

・에너지를 절약하는 똑똑한 하우스에 필요한 건 없을까요?

・친구들과 아이디어를 공유하며 새로운 생각을 더해 봅시다.

사람이 가까이 있을 때만 불이 켜지는 LED등을 만들어 봅시다.

▸ 거리 센서를 사용하여 회로도를 구성해 봅시다.

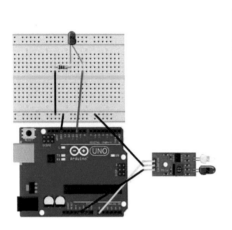

센서부품		아두이노
LED	+ ↔	10번 핀
	- ↔	220Ω 저항 ↔ GND
빛 센서	VCC ↔	5V
	GND ↔	GND
	OUT ↔	A0

❶ LED의 (+)를 아두이노의 10번 핀에 연결

❷ LED의 (-)는 220Ω 저항에 연결하고 저항에서 다시 아두이노의 GND에 연결합니다.

❸ 적외선 센서는 OUT핀을 아두이노의 A0에, VCC를 5V에, GND를 GND에 연결합니다.

▸ 프로그램 실행 과정을 살펴봅시다.

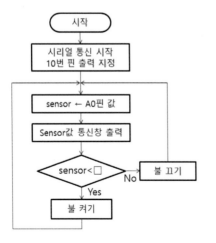

```
void setup() {
  Serial.begin(9600);
  pinMode(10, OUTPUT);
}

void loop() {
  int sensor = analogRead(A0);
  Serial.println(sensor);
  if(sensor<15){
    digitalWrite(10, HIGH);
    delay(1000);
  }else{
    digitalWrite(10, LOW);
    delay(1000);
  }
}
```

★ 아두이노 스케치에서 센서 값 맵핑하기
　예) 시리얼모니터로 들어오는 센서 값의 범위가 13~150 사이일 때 이 값을 0~100 사이로
　　바꿉니다.

```
int sensor = analogRead(A0);
Serial.println(map(sensor, 13, 150, 0,
100));
  if(sensor<50){
```

```
int sensor = analogRead(A0);
sensor = map(sensor, 13, 150, 0, 100);
Serial.println(sensor);
  if(sensor<50){
```

✖ **센서 값을 활용하여 아두이노 스케치로 프로그래밍 해 봅시다.**

프로그램을 업로드한 후 시리얼 창을 열고 들어오는 센서 값을 확인해봅니다.

• 센서 값의 변화를 확인한 후 적절한 값을 조건에 입력하고 다시 업로드 합니다.

```
void setup() {                      // 프로그램 설정
  Serial.begin(9600);               // 시리얼 통신 시작
  pinMode(10, OUTPUT);              // 10번 핀을 출력핀으로 설정
  }

void loop() {                       // 무한 반복
  int sensor = analogRead(A0);      // senor에 A0 입력값 저장
  Serial.println(sensor);           // senor값 시리얼창에 출력
  if(sensor<30){                    // senor값이 50보다 작으면
    digitalWrite(10, HIGH);         // 10번 핀 불켜기
    delay(1000);                    // 1초 지연
    }else{                          // 아니라면
    digitalWrite(10, LOW);          // 10번 핀 불끄기
    delay(1000);                    // 1초 지연
    }
  }
```

✕ 프로그램을 업로드한 후 실행되는지 확인해 봅시다.

- 거리 센서에 손을 가까이 가져가면 불이 들어오는지 확인합니다.
- 사람이 다가가면 불이 켜지는 센서등을 스마트 하우스에 적용해 봅시다.

✕ 생각 더하기

- 에너지를 절약하는 똑똑한 하우스에 필요한 건 없을까요?
- 친구들과 아이디어를 공유하며 새로운 생각을 더해 봅시다.

6 소리 센서와 LED 사용하기

사람의 말소리를 들으면 켜지는 똑똑한 LED 등을 만들어 봅시다.

✖ 소리 센서를 사용하여 회로도를 구성해 봅시다.

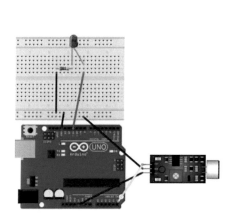

센서부품			아두이노
LED	+	↔	11번 핀
	-	↔	220Ω 저항 ↔ GND
소리 센서	VCC	↔	VCC
	〒	↔	GND
	DO	↔	A5 핀

❶ LED의 (+)를 아두이노의 11번 핀에 연결

❷ LED의 (-)는 220Ω 저항에 연결하고 저항에서 다시 아두이노의 GND에 연결합니다.

❸ 소리 센서는 D0핀을 아두이노의 A5에, VCC를 5V에, GND를 GND에 연결합니다.

✖ 프로그램 실행 과정을 살펴봅시다.

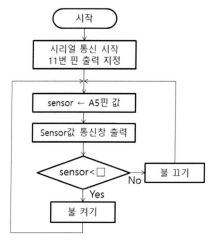

```
void setup() {
  Serial.begin(9600);
  pinMode(11, OUTPUT);
}

void loop() {
  int sensor = analogRead(A5);
  Serial.println(sensor);
  if(sensor<1023){
    digitalWrite(11, HIGH);
    delay(1000);
  }else{
    digitalWrite(11, LOW);
    delay(1000);
  }
}
```

✖ 센서 값을 활용하여 아두이노 스케치로 프로그래밍 해 봅시다.

- 프로그램을 업로드한 후 시리얼 창을 열고 들어오는 센서 값을 확인해봅니다.
- 센서 값의 변화를 확인한 후 적절한 값을 조건에 입력하고 다시 업로드 합니다.
- 소리 센서는 일정 크기 이상의 연속으로 나는 소리를 감지하고 디지털 신호를 출력합니다.

```
void setup() {                          // 프로그램 설정
  Serial.begin(9600);                   // 시리얼 통신 시작
  pinMode(11, OUTPUT);                  // 11번 핀을 출력핀으로 설정
  }

void loop() {                           // 무한 반복
  int sensor = analogRead(A5);          // senor에 A5 입력값 저장
  Serial.println(sensor);               // senor값 시리얼창에 출력
  if(sensor<1023){                      // senor값이 1023보다  작으면
    digitalWrite(11, HIGH);             // 11번 핀 불켜기
    delay(1000);                        // 1초 지연
    }else{                              // 아니라면
    digitalWrite(11, LOW);             // 11번 핀 불끄기
    delay(1000);                        // 1초 지연
    }
  }
```

✖ 프로그램을 업로드한 후 실행되는지 확인해 봅시다

- 노크나 긁는 소리를 내어보고 불이 들어오는지 확인합니다.
- 사람이 내는 소리에 반응하는 실내등을 스마트 하우스에 적용해 봅시다.

✖ 생각 더하기

- 에너지를 절약하는 똑똑한 하우스에 필요한 건 없을까요?
- 친구들과 아이디어를 공유하며 새로운 생각을 더해 봅시다.

7 거리 센서와 서보 모터 사용하기

가까이 가면 열리는 주차차단기를 만들어 봅시다.

✖ 거리 센서와 서보 모터를 사용하여 회로도를 구성해 봅시다.

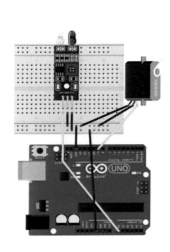

센서부품			아두이노
적외선 센서	VCC	↔	VCC
	GND		GND
	OUT	↔	A0 핀
서보 모터	오렌지	↔	9번 핀
	레드	↔	VCC
	브라운	↔	GND

❶ 서보 모터의 오렌지는 아두이노의 8번핀에, 레드는 아두이노의 VCC, 브라운은 아두이노의 GND에 연결합니다.

❷ 적외선 센서는 OUT핀을 아두이노의 A0에, VCC를 5V에, GND를 GND에 연결합니다.

✖ 프로그램 실행 과정을 살펴봅시다.

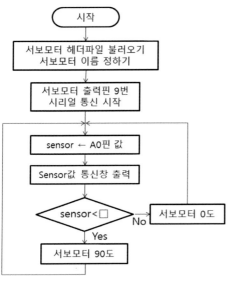

```
#include<Servo.h>
Servo myservo;

void setup() {
  myservo.attach(9);
  Serial.begin(9600);
  }

void loop() {
  int sensor = analogRead(A0);
  Serial.println(sensor);
  if(sensor<50){
  myservo.write(90);
  delay(5000);
  myservo.write(0);
   }else{
  myservo.write(0);
  delay(1000);
  }
}
```

✂ 센서 값을 활용하여 아두이노 스케치로 프로그래밍 해 봅시다.

- 프로그램을 업로드한 후 시리얼 창을 열고 들어오는 센서 값을 확인해봅니다.
- 센서 값의 변화를 확인한 후 적절한 값을 조건에 입력하고 다시 업로드 합니다.

```
#include<Servo.h>              // 서보 모터 헤더파일 추가
Servo myservo;                 // 서보 모터 이름 'myservo' 지정

void setup() {                 // 프로그램 설정
  myservo.attach(9);           // 'myservo' 9번핀으로 출력
  Serial.begin(9600);          // 시리얼 통신 시작
  }

void loop() {                  // 무한 반복
  int sensor = analogRead(A0); // senor에 A0 입력값 저장
  Serial.println(sensor);      // senor값 시리얼창에 출력
  if(sensor<50){               // senor값이 50보다 작으면
  myservo.write(90);           // 서보 모터 90도 회전
  delay(5000);                 // 5초 지연
  myservo.write(0);            // 서보 모터 0도
   }else{                      // 아니라면
  myservo.write(0);            // 서보 모터 0도
  delay(1000);                 // 1초 지연
   }
 }
```

✂ 프로그램을 업로드한 후 실행되는지 확인해 봅시다.

- 거리 센서에 손을 가까이 하면 서보 모터가 90도 회전하는 것을 확인합니다.
- 주차차단기를 스마트 하우스에 적용해 봅시다.

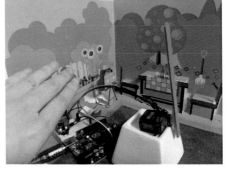

사람이 가까이 있을 때만 돌아가는 선풍기를 만들어 봅시다.

✖ 거리 센서와 DC 모터 프로펠러를 사용하여 회로도를 구성해 봅시다.

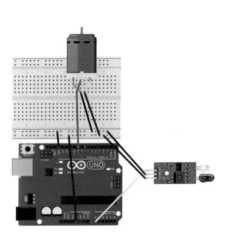

센서부품			아두이노
적외선 센서	VCC	↔	VCC
	GND	↔	GND
	OUT	↔	A0 핀
DC 모터 프로펠러	V	↔	VCC
	G	↔	GND
	S	↔	9번 핀

❶ DC 모터 프로펠러의 S핀은 아두이노의 9번핀에, V핀은 아두이노의 VCC, G핀은 아두이노의 GND에 연결합니다.

❷ 적외선 센서는 OUT핀을 아두이노의 A0에, VCC를 5V에, GND를 GND에 연결합니다.

✖ 프로그램 실행 과정을 살펴봅시다.

시작

시리얼 통신 시작
11번 핀 출력 지정

sensor ← A0핀 값

Sensor값 통신창 출력

sensor<□ → No → 불 끄기

Yes

불 켜기

```
void setup() {
  Serial.begin(9600);
  pinMode(9, OUTPUT);
}

void loop() {
  int sensor = analogRead(A0);
  Serial.println(sensor);
  if(sensor<50){
    digitalWrite(9, HIGH);
    delay(1000);
  }else{
    digitalWrite(9, LOW);
    delay(1000);
  }
}
```

✖ 센서 값을 활용하여 아두이노 스케치로 프로그래밍 해 봅시다.

• 프로그램을 업로드한 후 시리얼 창을 열고 들어오는 센서 값을 확인해봅니다.
• 센서 값의 변화를 확인한 후 적절한 값을 조건에 입력하고 다시 업로드 합니다.

```
void setup() {                          // 프로그램 설정
  Serial.begin(9600);                   // 시리얼 통신 시작
  pinMode(9, OUTPUT);                   // 9번 핀을 출력핀으로 설정
  }

void loop() {                           // 무한 반복
  int sensor = analogRead(A0);          // senor에 입력값 저장
  Serial.println(sensor);               // senor값 시리얼창에 출력
  if(sensor<50){                        // senor값이 50보다 작으면
    digitalWrite(9, HIGH);              // 9번 핀 전력 공급
    delay(1000);                        // 1초 지연
    }else{                              // 아니라면
    digitalWrite(9, LOW);               // 9번 핀 전력 차단
    delay(1000);                        // 1초 지연
    }
  }
```

✖ 프로그램을 업로드한 후 실행되는지 확인해 봅시다

• 거리 센서에 손을 가까이 하면 모터 프로펠러가 회전하는 것을 확인합니다.
• 사람이 있을 때만 돌아가는 환풍기를 스마트 하우스에 적용해 봅시다.

✖ 생각 더하기

• 에너지를 절약하는 똑똑한 하우스에 더 필요한 건 없을까요?
• 친구들과 아이디어를 나누면서 새로운 생각을 더해 봅시다.

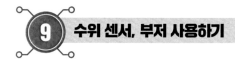

9 수위 센서, 부저 사용하기

넘치는 물 경고음으로 알려주는 화장실 경보기를 만들어 봅시다.

✖ 수위 센서를 알아봅시다.

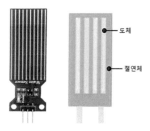

• 수위 센서(Water Level Sensor)
수위 센서란 물의 높이를 측정하는 센서로 '물 센서'라고도 합니다. 금속단 부분이 액체에 접촉하면서 전류가 흐를 수 있게 됩니다. 물에 접촉하는 표면적이 많을수록 저항 값이 줄어들기 때문에 센서의 저항 값은 수위에 반비례합니다. 이것을 감지해서 사이렌을 울리거나 LED를 켜거나 할 수 있습니다.

도체

절연체

✖ 피에조 부저를 알아봅시다.

• 피에조 부저(piezo buzzer) (자료 참조: 아두이노 스토리)
피에조 부저는 피에조 효과를 이용하여 소리를 내는 작은 스피커로 능동 부저와 수동 부저가 있습니다. 부저를 뒤집어보았을 때 (+)(-) 구분이 없는 것은 능동 부저이고 구분이 표시된 것은 수동 부저입니다.

• 능동 부저(active buzzer): 일정 톤 발생회로가 내장되어있어 전력을 공급하면 일정한 음이 발생합니다. 주로 경보음에 사용됩니다.

• 수동 부저(passive buzzer): 톤 발생 회로가 없으므로 아두이노 스케치에서 명령어를 입력하여 소리가 나도록해야 합니다. 멜로디 연주에 사용됩니다.

✗ 수위 센서를 사용하여 회로도를 구성해 봅시다.

센서부품			아두이노
LED	+	↔	12번 핀
	-	↔	220Ω 저항 ↔ GND
피에조 부저	+	↔	11번 핀
	-	↔	GND
물수위 센서	V(+)	↔	VCC
	G(-)	↔	GND
	S	↔	A0

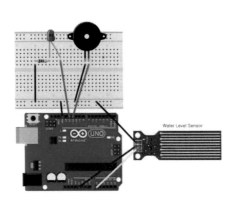

❶ LED의 (+)를 아두이노의 12번 핀에 연결

❷ LED의 (-)는 220Ω 저항에 연결하고 저항에서 다시 아두이노의 GND에 연결합니다.

❸ 부저는 (+)는 11번핀, (-)는 GND에 연결

❹ 수위센서는 (+)는 VCC, (-)는 GND, S 는 A0에 연결합니다.

✗ 프로그램 실행 과정을 살펴봅시다.

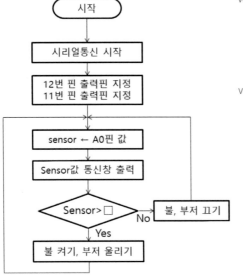

```
void setup() {
  Serial.begin(9600);
  pinMode(12, OUTPUT);
  pinMode(11, OUTPUT);
}

void loop() {
  int sensor = analogRead(A0);
  Serial.println(sensor);
  if(sensor>200){
    digitalWrite(12, HIGH);
    digitalWrite(11, HIGH);
    delay(1000);
  }else{
    digitalWrite(12, LOW);
    digitalWrite(11, LOW);
    delay(1000);
  }
}
```

✖ 센서 값을 활용하여 아두이노 스케치로 프로그래밍 해 봅시다.

• 프로그램을 업로드한 후 시리얼 창을 열고 들어오는 센서 값을 확인해봅니다.

• 센서 값의 변화를 확인한 후 적절한 값을 조건에 입력하고 다시 업로드 합니다.

```
void setup() {                      // 프로그램 설정
  Serial.begin(9600);               // 시리얼 통신 시작
  pinMode(12, OUTPUT);              // 12번 핀을 출력핀으로 설정
  pinMode(11, OUTPUT);              // 11번 핀을 출력핀으로 설정
}

void loop() {                       // 무한 반복
  int sensor = analogRead(A0);      // senor에 입력값 저장
  Serial.println(sensor);           // senor값 시리얼창에 출력
  if(sensor>200){                   // senor값이 200보다 크면
    digitalWrite(12, HIGH);         // 12번 핀 불켜기
    digitalWrite(11, HIGH);         // 11번 핀 불켜기
    delay(1000);                    // 1초 지연
  }else{                            // 아니라면
    digitalWrite(12, LOW);          // 12번 핀 불켜기
    digitalWrite(11, LOW);          // 11번 핀 불끄기
    delay(1000);                    // 1초 지연
  }
}
```

✖ 프로그램을 업로드한 후 실행되는지 확인해 봅시다

• 수위 센서를 물에 담갔을 때 불이 들어오고 부저가 울리는지 확인합니다.

• 물이 넘치면 경고등과 경보음이 울리는 스마트 하우스에 적용해 봅시다.

✖ 생각 더하기

• 에너지를 절약하는 똑똑한 하우스에 더 필요한 건 없을까요?

• 친구들과 아이디어를 나누면서 새로운 생각을 더해 봅시다.

10 친환경 에너지 주택 계획하기

🤖 아이디어가 반짝이는 스마트 하우스를 계획하고 발표해 봅시다

스마트 하우스 이름	
건설팀	
역할 분담	
준비물	
집의 기능과 알고리즘	집의 기능을 생각하여 프로그래밍 절차를 구안해 봅시다.
집의 형태	건축물의 디자인을 스케치해 봅시다.
이 집의 좋은 점	이 집은 어떤 점에서 기존의 집과 차별화되나요?
친구들의 반응	우리 팀의 건설 계획에 대한 친구들의 생각은 어떠한가요?
더 생각할 점	다른 팀의 발표를 듣고 난 후 달라진 생각이 있다면 적어 봅시다.

🤖 아두이노를 사용하여 제품을 완성하는 방법을 알아봅시다.

❶ 회로도를 구성하고 아두이노와 컴퓨터를 연결합니다.　❷ 아두이노 스케치를 실행하여 프로그램을 작성합니다.

```
sketch_aug14a
void setup() {
  Serial.begin(9600);
  pinMode(11, OUTPUT);
}

void loop() {
  int sensor = analogRead(A0);
  Serial.println(sensor);
  if(sensor<10){
    digitalWrite(11, HIGH);
    delay(1000);
```

❸ 아두이노 보드에 소스코드를 업로딩한 후 프로그램 동작을 확인합니다.

❹ 아두이노를 컴퓨터와 분리한 후 건전지를 연결합니다.

❺ 전력 공급과 프로그램 동작을 확인합니다.

❻ 부품과 보드를 적절히 배치하여 사용합니다.

[보드의 유무선 연결 참고]
- USB 포트를 통해 유선으로 연결하는 경우는 유선으로 전력과 데이터가 같이 공급됩니다.
- 아두이노 스케치로 업로드된 데이터는 지워지지 않고 MCU에 내장됩니다.
- 아두이노 스케치로 프로그램을 업로드한 뒤 전력만 공급한다면 프로그램은 작동됩니다.
- 새로운 프로그램이 업로드 될 때는 이전 프로그램을 덮어쓰기 형태로 저장됩니다.

아두이노 나노보드를 알아봅시다.

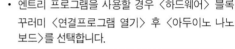

- Arduino Nano
  - 나노보드는 아두이노 UNO보드의 1/5 정도 크기로 보드가 차지하는 공간을 크게 줄일 수 있습니다.
  - 회로 구성 방법은 아두이노 UNO 보드와 같습니다.
  - 브레드보드에 끼워 사용하거나 암수 점퍼선을 적절히 사용하여 부품과 연결합니다.
  - 나노보드를 건전지와 연결할 경우 제일 바깥쪽에 있는 3V3 핀에 건전지 (+)를 GND에 건전지 (-)를 연결합니다.

- 나노보드를 미니 브레드보드에 끼우고 아두이노 우노보드와 같은 방법으로 회로도를 구성하고 프로그램을 업로드 합니다.

- 엔트리 프로그램을 사용할 경우 〈하드웨어〉 블록 꾸러미 〈연결프로그램 열기〉 후 〈아두이노 나노보드〉를 선택합니다.

- 아두이노 스케치를 사용할 경우
  〈툴〉 〈보드〉 선택후 〈Arduino Nano〉보드를 선택하고 포트를 연결합니다.

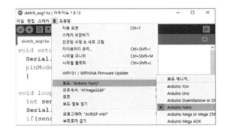

- 스케치로 프로그램을 업로드 한 경우
  건전지의 (+)를 아두이노 나노보드의 3v3핀에, 건전지의 (-)를 GND핀에 연결하여 전력을 공급하면 프로그램이 실행됩니다.

[스케치를 사용할 경우 보드에 프로그램 업로드가 안된다고요?]
- CH340칩이 내장된 나노호환보드는 CH340 드라이버를 다운 받아 설치해야 합니다.
- 아두이노 UNO보드도 마찬가지입니다. CH340칩이 내장된 호환보드는 CH340 드라이버를 다운 받아서 설치해야 업로드가 가능합니다.
- 그래도 안 된다면 툴-프로세서- ATmega328P(Old Bootloader)를 선택해보세요.

11 센서를 사용하여 스마트 하우스 완성하기

아두이노 보드와 센서를 활용하여 스마트하우스를 완성해 봅시다.

✖ 스마트 하우스의 공간별 기능과 필요한 알고리즘을 구성하여 봅시다.

공간❶	
공간❷	

공간❸	

공간❹	

스마트모델하우스 전시회

다른 팀들의 발표를 듣고 의견을 나누어 봅시다.

✖ 여러 팀의 건축물에서 새로운 아이디어 발견하기

- 팀별 발표 후 질의응답의 시간을 갖도록 하여 자신의 아이디어를 확장하는 기회를 갖습니다.
- 좋은 점과 아쉬운 점을 함께 생각해보게 하여 학생들의 비판적·분석적 사고를 돕습니다.
- 다른 팀의 발표 내용에 경청하고 자신의 생각과 비교해보도록 합니다.

✖ 분양신청하기

- 모둠별로 분양 우선순위를 정합니다.
- 학생들은 자신이 살고 싶은 집에 분양 신청을 합니다.
- 분양 신청을 가장 많이 받은 모둠에 지원금(보상이나 쿠폰)을 지급합니다.

다른 팀들의 발표를 듣고 의견을 나누어 봅시다.

팀 이름		제 점수는요	☆☆☆☆☆
하우스 이름			☆☆☆☆☆
평가 기준	예) 에너지 효율, 친환경, 디자인, 편리성, 안전성, 견고성, 독창성		
좋은 아이디어			
아쉬운 점			

✖ 많은 외부평가자가 참여하는 평가

- 학급 안에서 교사·학생 평가만 이루어지기보다는 외부평가자가 많이 참여할수록 좋습니다.
- 많은 사람들의 반응을 얻을수록 자기 작품에 대한 객관적인 안목이 생깁니다.
- 외부평가자는 평가 영역이나 학생들과의 관계를 고려하여 객관적인 평가자를 정합니다.

✖ 일정기간 동안 결과물 전시하기

- 가장 많은 별을 모은 팀에게 적절한 보상을 제공하여 학생들이 즐거움을 느끼도록 합니다.
- 시연회와 발표회로 끝나는 것이 아니라 일정 기간 동안 학생들의 작품을 홈페이지(학급 밴드)에 게시하여 자신들이 만든 작품에 대해 보람을 느끼도록 합니다.

🤖 제품 만들기의 전 과정과 결과를 돌이켜보고 자기 평가를 해 봅시다.

✖ 러닝로그

- 프로젝트 학습장(러닝로그)를 활용하여 자신의 학습 과정에 대한 성찰을 돕습니다.
- 학생들의 러닝로그를 교사의 관찰과 함께 평가 자료로 활용합니다.
- 참고자료: https://blog.naver.com/dulcinea012/222039623376.

✖ 자기 상호 평가지

- 평가 준거별로 우리팀 동료평가(회색 칸)와 자기평가(흰색 칸)를 구분하여 기록합니다.
- 자신의 주관적 평가와 친구들의 객관적 평가를 비교해볼 수 있습니다.
- 평가 결과를 수량화하지 않고 앞으로의 활동 개선을 위한 자료로 활용하도록 합니다.

평가요소	평가 준거		
	상	중	하
프로그래밍 활동	순차와 조건 구조를 이해하여 문제 해결의 과정에 전략적으로 사용하였다.	모둠원의 협력과 선생님의 조언으로 문제해결을 위한프로그래밍을 완수하였다.	문제해결 절차를 구안하는데 어려움을 겪었고 프로그래밍을 완수하지 못하였다.
참여와 태도	프로젝트 전 과정에 적극적으로 참여하고 자신의 역할을 열심히 하였다.	프로젝트 과정에 빠짐 없이 참여하였으나 역할 수행에서 노력이 다소 부족했다.	프로젝트 활동에 소극적으로 참여하고 제 역할을 하지 못했다.
흥미와 관심	자신의 관심과 적성에 따라 능동적으로 주제와 활동을 선택하였다.	대체로 팀원의 권유와 의견에 따라 주제와 활동을 선택하였다.	나의 의지와 상관없는 선택이었고 활동에 주도적으로 임하지 못했다.
산출물 제작	모둠원과 협력하여 아두이노를 활용한 에너지 절약형 스마트 하우스를 계획하고 완성하였다.	아두이노를 활용한 에너지 절약형 스마트 하우스를 계획하였으나 완성도가 다소 미흡하다.	계획에서 완성까지 협력과 노력이 다소 부족하여 에너지 절약형 스마트 하우스를 완성하지 못했다.
경청과 평가	다른 팀의 발표를 귀기울여 듣고 뉴스의 짜임새와 타당성을 분석하였다.	다른 팀의 발표를 들었으나 특별한 점을 찾을 수 없었다.	다른 팀의 발표 내용에 귀 기울여 듣지 못했다.
새로운 아이디어	프로젝트 활동의 전과정에서 아이디어를 지속적으로 수정·보완하였다.	새로운 아이디어를 생성하기보다는 처음 계획에서 크게 벗어나지 않았다.	프로젝트 활동의 과정에서 특별한 아이디어를 생성할 수 없었다.
프로젝트 탐구를 통해 성장한 것			
우리 팀 별점			
선생님 총평			

'프로젝트 활동이 어땠나요?' 라는 설문에 학생들이 스티커와 포스트잇 붙이기로 답한 결과입니다. 포스트잇에 적은 대답은 짧고 간단합니다. 전체 활동에서 좋았던 부분과 아쉬웠던 부분에 대해 솔직하게 적기로 했는데, 큰 어려움을 못 느꼈다는 학생도 있고 만들기가 잘 안되었다고 아쉬워하는 학생도 있었습니다. 3D프린터로 만든 하우스 도어가 여닫기에 뻑뻑하다는 의견도 있어서 문을 떼고 경첩을 사용해서 다시 달기도 했습니다. 입체 북은 한 권씩 나눠 주면 안 되냐고 수업 자료를 탐내는 학생도 있었습니다. 저자는 팀 활동을 할 때 다양한 자료를 활용한 효과가 좋았다고 생각합니다. 학습 앱을 열고 팀원에게 활동 순서를 설명하는 아이, 동영상과 사진을 지속적으로 확인하면서 필요한 지식을 이해하는 아이, 친구들과 의견을 주고받으며 코딩하고 수정하는 아이, 팀 활동을 모니터링하면서 활동지에 정리하는 아이, 궁금한 점을 교사에게 질문하러 오는 아이, 저마다 자신이 할 수 있는 것을 분주하게 찾아서 활동하는 모습이 참 좋았던 것 같습니다. 1인 교사의 수업에서 모든 아이들에게 적시에 필요한 도움을 주는 것이 상당히 어렵기 때문에 저자는 동영상 자료와 학습지, 학습 앱을 적극 활용하였습니다. 교사는 모든 학생들의 배움을 살피고 수업의 전체적인 흐름을 통찰적으로 진행할 필요가 있는데 학생들의 문제를 해결해주는 일에 너무 매몰되다보면 수업의 여유가 없어지고 차시 학습에 급급하게 됩니다. 따라서 1인 교사가 단독으로 수업을 진행하는 것이 부담스러울 경우 학교 밖 전문가와 연계하는 것을 추천드립니다. 계획 단계에서 얻을 수 있는 간단한 자문에서부터 산출물 제작 과정에서 적극적으로 도움을 받는 단계에 이르기까지 다양한 형태의 협력을 해나갈 수 있습니다. 저자는 이때만 해도 정규 수업에서는 협력수업을 할 수 있다는 생각을 하지 못하였고, 때문에 지역에 개설된 소프트웨어교육 전문가 양성 강좌를 듣거나 지역대학의 전공 교수님께 조언을 구하는 방식으로 수업을 준비하는 과정에서 전문가들의 도움을 얻었습니다.

재미있는	또 만들고 싶은	의미 있는	쓸모 있는	한번쯤 해볼만 한	복잡하고 귀찮은	어렵고 힘든	따분하고 지루한
6명	4명	5명	6명	3명	1명	1명	0명

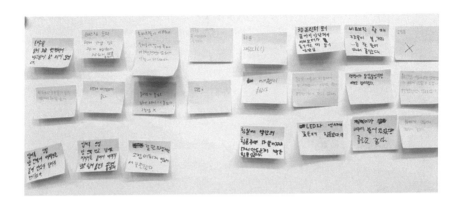

수업을 하다보면 매차시의 수업이 만족스럽지만은 않습니다. 아이들이 좀처럼 집중하지 못하는 날은 흐름이 자주 끊기기도 하고, 팀원 간의 다툼이 일어나기도 합니다. 날이 좋아서, 날이 좋지 않아서, 날이 적당해서 모든 수업이 좋으면 좋겠지만, 모든 수업은 학생과 교사가 함께 성장해나가는 과정입니다. 학생의 배움이 교사의 기대에 미치지 못한다고 해도 실망하지 않고 지속적인 이해와 노력을 기울이면 좋겠습니다. 한때는 '내가 수업을 준비하고 노력한 만큼 커다란 교육적 결실을 거두겠다'는 일념으로 고군분투한 적도 있습니다. 교사가 되고 십수 년이 지난 지금 우리 반 아이들과 나는 서로의 성장을 곁에서 바라보는 관계인 것 같습니다. 교사가 수업을 잘하고 싶은 만큼 아이들도 잘 해내고 싶어 할 것입니다. 오늘 완성보다 내일의 성장에 주목하면서 수업을 준비해가면 좋겠습니다.

〈다양한 센서를 활용하여 스마트 하우스 만들기〉

　동 학년 교사들과 협업하여 지구촌 문제해결 프로젝트를 한 적이 있어 함께 소개합니다. 이때 사회, 국어 교과와 소프트웨어 수업을 융합하여 '다양한 지구촌 문제를 해결'하는 아이디어 제품을 고안해보도록 하였습니다. 프로그램은 '스크래치 for 아두이노'를 사용하였습니다. 학생들은 전쟁, 자연재해, 인종차별, 식량부족, 에너지 고갈, 지구 온난화, 전염병, 자원 문제, 영토 문제, 종교 갈등, 환경 문제, 자연재해, 인종 차별 등, 지구촌 곳곳에서 앓고 있는 문제와 관련 영상을 보며 지구촌 문제를 다루는 신문을 만들었고, 문제 해결방법을 모둠별로 토의한 후, 지구촌 문제를 해결할 수 있는 제품을 계획하여 일정 기간 제작을 거쳐 팀별 산출물을 발표하였습니다.

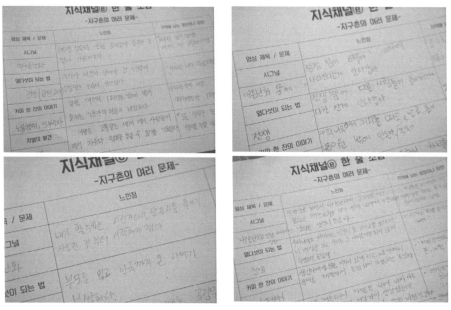

〈지구촌 문제에 대한 영상을 보고 간단한 소감문 작성하기〉

〈지구촌 문제를 알리는 신문 만들기〉

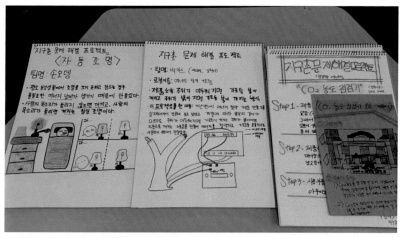

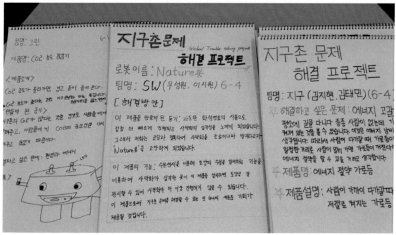

〈지구촌 문제를 해결할 수 있는 제품 설계하기〉

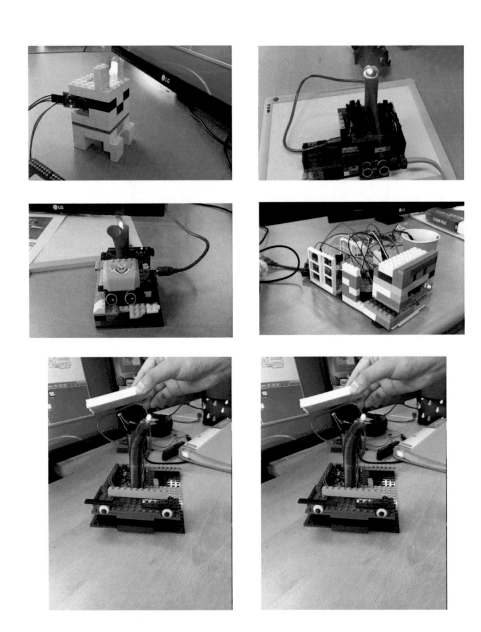

〈레고 블록을 사용하여 제품 만들기〉

　학생들이 만들기에 시간을 많이 투자할 수 없어 3D프린팅과 레고 블록을 활용하도록 하였습니다. 이때 많은 팀이 에너지 절약 제품을 만들었는데, 가장 윗줄에 소개된 것은 소리가 들릴 때 켜지는 침실등과 사람이 지나갈 때 불이 켜지는 가로등입니다. 특히 맨 위 오른쪽 사진은 학생이 지나갈 때 불이 켜지는 순간을 잘 포착하여 찍은 것입니다.

8장

릴리패드

릴리패드(LilyPad)는 웨어러블 프로젝트용으로 설계된 작고 가벼운 아두이노 보드입니다. 2007년 콜로라도 대학의 Leah Buechley 교수와 Spark Fun이 공동 설계한 것으로, 연잎을 닮은 얇은 보드 모양새에서 '연못에 피어있는 수련'이라는 이름을 붙였다고 합니다. 소리, 진동, 불빛 등 센서 모듈을 사용하여 LED나 부저를 제어하는 기능을 가진 스마트 의류나 액세서리를 제작할 수 있습니다.

릴리패드는 엔트리나 스크래치로 제어할 수 없기 때문에 자신이 원하는 웨어러블 프로젝트를 수행하기 위해서는 아두이노 스케치로 코딩한 프로그램을 릴리패드 아두이노 보드에 업로드해야 합니다. 학생들이 텍스트형 프로그래밍 언어를 사용하는 것에 어려움을 겪는다면 '릴리타이니 보드'를 사용할 수 있습니다. 릴리타이니 보드는 LED를 제어하는 프로그램이 보드에 내장되어 있어 전도성 실을 이용하여 보드와 LED를 바느질로 연결하고 코인셀 배터리로 전원을 공급해주면 LED가 깜박이며 작동합니다.

릴리패드를 성공적으로 활용하기 위해서는 전도성 실을 이용한 바느질에 세심한 주의를 기울일 필요가 있습니다. 아두이노 프로젝트에서 회로도를 정확히 구성하는 것이 중요하듯 릴리패드 아두이노 역시 전도성 실을 잘 다루어야 합니다. 릴리패드 아두이노는 전도성 실이 점퍼선(전선)의 역할을 하기 때문에 실이 서로 만나면 안됩니다. 실끼리 서로 닿는 순간 합선이 일어나면서 전류가 제대로 흐르지 못하고 LED에 불이 들어오지 않습니다. 따라서 전도성 실이 붙거나 만나지 않도록 주의하여 바느질하는 것이 가장 중요합니다. 요즘은 가정에서도 거의 바느질을 하지 않기 때문에 학생들도 이 활동을 어려워하는 경향이 있습니다. 바느질에 생각보다 많은 시간이 소요되므로 효율적인 시간 관리를 위해 교사가 활동을 단순화시킬 필요도 있습니다. 저자는 바느질 도안이나 예시작품을 제공하여 학생들이 활동의 주의점을 빨리 이해하고 시행착오를 줄일 수 있도록 하였습니다.

[릴리패드 참고 자료]
- https://blog.naver.com/dulcinea012/221802150152
- https://blog.naver.com/dulcinea012/221802160802
- https://blog.naver.com/dulcinea012 - 소프트웨어 수업자료 - 릴리패드 수업자료-1, 2

✪ 프로젝트 개요

프로젝트 주제	릴리패드를 사용하여 안전 웨어러블을 만들어 보자.		
프로젝트 목표	이 활동은 학생들이 웨어러블을 통해 우리 생활의 전반에서 소프트웨어가 활용되고 있는 것을 경험해보는 의미를 두었다. 주거환경, 컴퓨터, 교통 통신, 전자제품에서부터 의류 분야에 이르기까지 광범위하게 활용되는 소프트웨어를 체험함으로써 소프트웨어에 대한 고정관념에서 벗어나 미래 변화에 대한 상상력과 창의력을 키움으로써 기술의 새로운 영역을 발견할 수 있는 안목을 키우고자 하였다.		
대상 학년	6학년	프로젝트 유형	디자인 챌린지
산출물 형태	릴리패드를 활용한 안전 웨어러블 용품 만들기		

✪ 교과 및 성취기준

교과	성취기준
창체	창의주제활동: 릴리패드를 활용하여 안전한 웨어러블 만들기
실과	[6실04-07] 소프트웨어가 적용된 사례를 찾아보고 우리생활에 미치는 영향을 이해한다. [6실04-08] 절차적 사고에 의한 문제 해결의 순서를 생각하고 적용한다. [6실04-09] 프로그래밍 도구를 사용하여 기초적인 프로그래밍 과정을 체험한다. [6실02-05] 바느질의 기초를 익혀 간단한 수선에 활용한다. [6실02-06] 간단한 생활 소품을 창의적으로 제작하여 활용한다.
성취기준 재구성	[활동 주제] 안전 웨어러블 만들기 [성취기준] 간단한 바느질 방법을 익혀 릴리패드를 활용하여 창의적인 안전 소품을 만든다.
2015개정 핵심역량	자기관리, 정보처리, 창의적 사고, 심미적 감성, 의사소통, 공동체 역량
일반화 지식	과학기술의 발전은 인류의 보편적인 행복을 지향해야 한다.

〈프로젝트 수업 흐름〉

  릴리패드를 사용하는 경우 텍스트형 프로그래밍 언어로 코딩해야 하므로 학생들이 부담을 가질 수 있습니다. 따라서 학생들이 전기전도성 실로 회로도를 구성하면 교사가 프로그래밍과 업로딩 과정을 도와주는 방식으로 진행하면 좋습니다. 이 활동은 프로그래밍보다 웨어러블 체험에 목적을 두었기 때문에 프로그래밍을 부담스러워 하는 학생들은 '릴리타이니' 보드를 사용하면 됩니다. 의류뿐 아니라 가방, 모자, 신발 등 몸에 걸치는 모든 것을 고려하여 흐린 날 어두운 곳에서 깜박이는 LED를 활용한 안전용품 만들기를 계획하였습니다. 웨어러블 제작뿐 아니라 카드 만들기, 페이퍼 크래프트, 업사이클링, 미술 공예 작품 등 스마트 요소가 가미된 다양하고 창의적인 작품을 감상하면서 소프트웨어의 용법을 확장시켜보는 기회도 제공하면 좋겠습니다.

✪ 프로젝트 차시 계획

순서	활동 내용	시수
1	• [창체] 아두이노 알아보기 -아두이노 스케치 설치하여 실행하기, 릴리타이니와 릴리패드 보드 살펴보기	1
2	• [창체] 릴리타이니 사용법 알아보기(1) -릴리타이니의 내장 프로그램을 알아보고 LED켜기	1
3	• [창체] 릴리타이니 사용법 알아보기(2) -릴리타이니에 LED 2개 이상 연결하기	1
4	• [창체] 릴리타이니로 간단한 액세서리 만들기 -릴리타이니를 활용하여 브로우치나 목걸이 만들기	1
5	• [창체] 릴리패드 사용법 알아보기 -릴리패드의 입출력핀 구분하기, 간단한 프로그램을 실행하여 LED제어하기	1
6	• [창체] 릴리패드로 2개의 LED 제어하기 -2개의 LED 교대로 깜박이기	1
7	• [창체] 릴리패드 4개의 LED제어하기 -4개의 LED 동시에 깜박이기/ 4개의 LED 교대로 깜박이기	1
8	• [창체] 빛 센서 사용하기 -어두운 곳에서 반짝이는 웨어러블	1
9	• [창체] 가속도 센서 사용하기 -달릴 때 반짝이는 웨어러블	1
10	• [창체] 온도 센서 사용하기 -온도에 따라 빛을 바꾸는 웨어러블	1
11	• [창체] 버튼 사용하기 -버튼으로 깜박임 제어하기, 버튼으로 음악 듣기	1
12	• [창체] 안전 웨어러블 구상하고 디자인하기 -안전을 위해 리폼하고 싶은 의류 생각해보기 -안전을 위해 착용할 수 있는 것 디자인하기	2
13	• [실과] [창체] 안전 웨어러블 제작하기	4
14	• [창체] 안전 웨어러블 완성하고 발표회 갖기 -완성된 작품 발표하고 평가하기	1

✪ 평가 계획

단계	수행 기준			
계획	• 사람들이 겪는 안전 문제를 알고 해결 방안을 탐색할 수 있는가? • 사람들의 안전을 돕는 새로운 웨어러블을 구안하는가?			
	도달도		**피드백**	**재도전 결과**
	도달( )	미도달( )		
성장 과정	• 팀원과 원만한 관계를 유지하고 적극적으로 협력하여 웨어러블 제작에 참여하는가? • 문제해결 과정에서 어려움을 겪은 부분에 대해 적절한 조언과 도움을 구하는가?			
	도달도		**피드백**	**재도전 결과**
	도달( )	미도달( )		
	도달( )	미도달( )		
최종 산출물	• 팀원과 함께 끝까지 노력하여 공동의 결과물을 완성하였는가? • 성숙한 토의 과정을 거쳐 결과물을 창의적으로 발전시킬 수 있었는가?			
	도달도		**피드백**	**재도전 결과**
	도달( )	미도달( )		
공유 및 성찰	• 자신과 친구들의 학습 과정에 대한 피드백을 생성하는가? • 프로젝트의 전 과정에서 자신의 생각을 발전시키거나 새로운 아이디어를 생성할 수 있는가?			
	도달도		**피드백**	**재도전 결과**
	도달( )	미도달( )		
평가 방법	• 포트폴리오, 러닝로그를 활용한 지필평가, 상호관찰평가, 자기평가			

1 아두이노 알아보기

아두이노 스케치(IDE)를 설치해 봅시다.

✖ https://www.arduino.cc에 접속합니다.

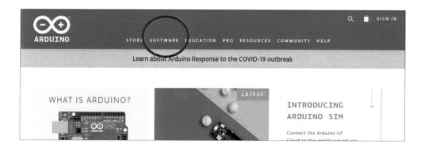

✖ 〈SOFTWARE〉 메뉴를 선택하여 〈DOWNLOADS〉를 클릭합니다.

✖ 윈도우용 설치 파일을 선택하고 〈JUST DOWNLOAD〉를 클릭합니다

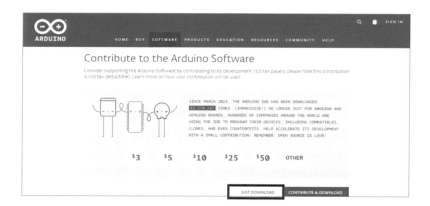

🤖 아두이노 스케치를 실행하여 봅시다.

✖ 아두이노 스케치를 설치하고 프로그램을 실행하여 봅시다.

✖ 프로그램을 실행 순서는 다음과 같습니다.

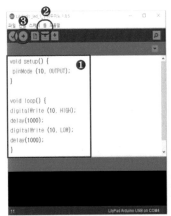 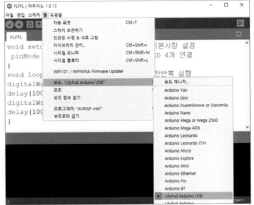

❶ 코드입력창에서 코드를 작성한 후

❷ <툴>-<보드>를 차례로 클릭하여 <Lilypad Arduino USB>를 선택합니다.

　<툴>-<포트>를 클릭하여 연결 가능한 포트를 선택합니다.

　COM1, COM2를 제외한 포트를 선택하도록 합니다. 포트 번호는 컴퓨터 마다

　다릅니다.

❸ <업로드>를 클릭하여 프로그램 소스 코드를 업로드 시킵니다. 업로드가 완료

　되면 프로그램이 실행됩니다.

아두이노 스케치의 릴리패드 제어 과정을 알아봅시다.

✘ 아두이노 스케치와 LilyPad Arduino USB 보드의 입력, 제어, 출력을 알아봅시다.

- 입력, 제어, 출력은 센서, 아두이노 스케치, 엑츄에이터(동작 장치)를 통해 이루어집니다.
- 릴리패드 아두이노 보드는 A2~A5번 핀을 통해 센서로 들어오는 입력값을 받게 됩니다.
- 센서값을 이용하여 원하는 기능을 아두이노 스케치로 프로그래밍하면 2, 3, 9 ~ 11 번 핀에 연결된 부품에 특정 동작을 명령할 수 있습니다.

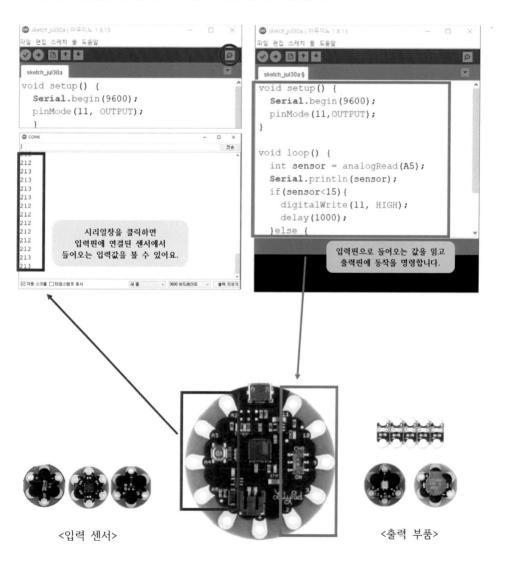

<입력 센서>

<출력 부품>

✖ 릴리패드의 입력핀과 출력핀을 구분해 봅시다.

- 릴리패드 아두이노 USB 보드에서 센서값을 입력받는 곳은 A2, A3, A4, A5번 핀입니다.
- 아두이노 스케치는 A2, A3, A4, A5번 핀을 통해 들어오는 입력값을 받게 됩니다.
- 프로그래밍 하여 2, 3, 9, 1 0, 11번 핀에 특정 동작을 명령하게 됩니다.

데이터 형태	입력 핀				입출력				
	아날로그 핀				아날로그·디지털(PWM) 핀				디지털핀
핀 번호	A2	A3	A4	A5	9	10	11	3	2
사용가능 부품	온도 센서, 빛 센서, 가속도 센서 등				LED(출력), 부저(출력), 버튼(입력)				

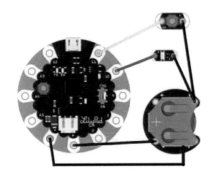

✖ 프로그램의 구조를 알아봅시다.

- 아두이노 스케치의 프로그램은 입력핀과 출력핀을 <설정>하는 부분과 명령어를 무한반복으로 <실행>하는 부분으로 나뉘어 있습니다.

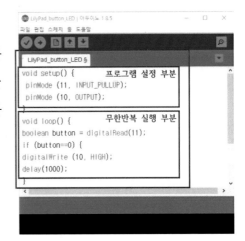

```
void setup() {
  pinMode (10, OUTPUT);
}


void loop() {
digitalWrite (10, HIGH);
delay(1000);
digitalWrite (10, LOW);
delay(1000);
}
```

✘ 프로그램 실행 순서는 다음과 같습니다.

1. 보드 선택 후 포트를 설정합니다.

    <툴>-<보드>에서 <Arduino Uno>를 선택하고, <툴>-<포트>를 클릭하여 연결 가능한 포트를 선택합니다. 이때 COM1, COM2를 제외한 포트를 선택해야 합니다. 포트 번호는 컴퓨터 마다 다르게 나타납니다.

2. 코드입력창에서 코드를 작성합니다.

3. 클릭하여 코드 컴파일 후 아두이노 보드에 업로드합니다.

4. 업로드가 완료되면 '업로드 완료' 문구와 함께 프로그램이 실행됩니다.

릴리타이니, 릴리패드 보드와 입출력 모듈을 살펴 봅시다.

✖ 릴리타이니 보드와 릴리패드 보드를 알아봅시다. (출처: 메카솔루션 만들랩)

[릴리타이니]
- 빛을 이용한 효과를 프로그래밍 없이 쉽게 적용할 수 있는 보드입니다.
- 동전보다 작은 크기인 20mm로 마이크로컨트롤러 ATtiny85 기반입니다.
- 총 핀의 개수는 6개로 (+), (-) 전원핀과 디지털 핀인 0번, 1번, 2번, 3번으로 구성되어 있습니다.
- 4개의 디지털 핀은 각각 다른 효과를 나타낼 수 있도록 프로그래밍이 되어 있습니다. 0번 핀은 숨쉬기 기능, 1번 핀은 심장 박동 기능, 2번 핀은 켜지고 꺼지는 기능, 3번 핀은 랜덤하게 빛이 페이드 되는 기능 입니다. 각 효과가 다르기 때문에 표현하고자 하는 핀에 연결하면 됩니다.

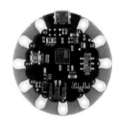

[릴리패드 아두이노 USB]
- ATmega 32u4을 기반으로 하여 3.3V 전압으로 작동합니다.
- 총 11개 핀으로 (+) 극, (-)극과 5개의 디지털 입·출력핀 (2, 3, 9, 10, 11) 과 4개의 아날로그 입력핀 (A2, A3, A4, A5) 로 구성되어 있습니다.
- USB 단자에 케이블을 연결하여 프로그래밍 합니다.
- 리튬전지를 연결할 수 있는 JST 서킷과 ON/OFF 스위치가 있습니다.

✖ 입력 장치를 알아봅시다.

빛 센서	가속도 센서	온도 센서

빛 센서 **(LilyPad Light Sensor)**	•밝을수록 높은 센서값을 출력하는 센서입니다. •(+), (-), (S) 총 3개의 핀이 있으며 연결 방법은 (+)는 (+), (-)는 (-)끼리 맞추며 (S)는 아날로그 핀에 연결하면 됩니다.
가속도 센서 **(LilyPad Accelerometer)**	•가속도 센서는 기울기 및 진동과 움직임까지 감지하는 센서입니다. •X, Y, Z 축의 위치 변화를 체크하면서 달라지는 센서값을 출력합니다.
온도 센서 **(LilyPad Temperature Sensor)**	•온도 센서는 신체의 체온과 주변의 온도 변화를 감지할 수 있습니다. •40℃~125℃까지 감지하며 온도가 높을수록 높은 센서값을 출력합니다.

✖ 출력 장치를 알아봅시다.

LED	삼원색 LED	버저 모듈

LED **(LilyPad LED)**	•릴리패드 프로젝트에서 가장 많이 쓰이는 부품입니다. •총 6가지 빨강, 노랑, 초록, 파랑, 분홍, 흰색으로 시판되고 있습니다. •각의 색상이 6pcs로 구성된 무지개 색상 LED도 있습니다.
삼원색 LED **(LilyPad Tri-Color LED)**	•삼원색 LED는 R[빨강], G[초록], B[파랑] 색상코드를 0~255 수치로 입력하여 여러 가지 색상을 표현할 수 있습니다.
부저 **(LilyPad Buzzer)**	•버저 모듈은 입력 받은 데이터를 기반으로 주파수를 통하여 톤 높이를 조정하면서 소리를 만들 수 있습니다.

✖ 전원 장치를 알아봅시다.

건전지 배터리 홀더	코인셀 배터리 홀더	리튬 이온 배터리

건전지 배터리 홀더 **(LilyPad Battery Holder)**	• 건전지 홀더는 AAA 건전지를 넣어 전원을 공급하는 장치입니다. • 양옆으로 (+), (-) 연결구가 4개 있으며, 스위치 ON/OFF로 전원 공급을 제어할 수 있습니다.
코인셀 배터리 홀더 **(LilyPad Coin Cell Battery Holder)**	• 코인셀 배터리 홀더는 CR2032 20mm 코인셀 배터리를 끼워 전원을 공급하는 장치입니다. • 양옆으로 (+), (-) 연결구가 4개 있으며, 스위치 ON/OFF로 전원 공급을 제어할 수 있습니다.
리튬 이온 배터리 **(Lithium Ion Battery)**	• 리튬 이온 배터리는 용량에 따라 크기와 두께가 조금씩 다릅니다. • 전반적으로 작고 가벼워 JST-PH 커넥터에 꽂아 사용이 간편하며 충전하여 사용할 수 있습니다.

✖ 스위치를 알아봅시다

푸시 버튼 스위치	슬라이드형 스위치	리드 스위치

푸시 버튼 스위치 **(LilyPad Button Switch)**	• 중앙 버튼을 눌러서 제어하는 스위치입니다.
슬라이드형 스위치 **(LilyPad Slide Switch)**	• 슬라이드형 스위치는 원하는 기능이 있는 방향으로 밀어서 ON·OFF를 제어하는 형태입니다.
리드 스위치 **(LilyPad Reed Switch)**	• 리드 스위치는 자석을 통해서 활성화되는 기계식 스위치입니다. • 스위치 안에 두 개의 철대가 서로 당기면 스위치가 닫히고, 자기장이 없어지면 철대가 분리되면서 스위치가 열리는 형식입니다.

✖ 전기전도성 부자재를 알아봅시다.

전도성 실

전도성 천

전도성 실 **(Conductive Thread)**	• 중전선의 역할을 대신합니다. • 다른 전류가 흐르는 실이 서로 겹치지 않도록 주의해야 합니다. • 뻣뻣하고 잘 엉키거나 매끄러운 등 실의 특성을 감안하여 사용합니다.
전도성 천 **(Conductive Fabric)**	• 전도성실과 비슷한 기능으로 천의 면적에 따라 요단위가 다릅니다. • 전도성 천도 각 섬유에 따라 질감과 신축성이 다르므로 여러 가지 다른 제품과 비교하거나 재료의 특성을 고려하여 사용합니다.
전도성 벨크로 **(Conductive** **Hook & Loop Tape)**	• 전도성 벨크로 일명 찍찍이입니다. • 은으로 코팅되어있어 전도성이 높습니다. • 원래 정전기 방지용 옷에 유용하게 쓰이는 물질이나, 웨어러블 어플리케이션에 유용하게 사용됩니다.

🤖 아두이노 스케치 프로그램을 알아봅시다.

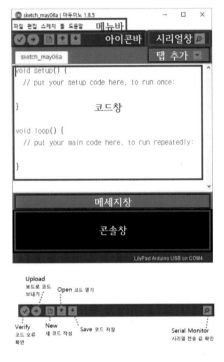

✖ 프로그램 화면을 살펴봅시다.

- 프로그램을 실행하면 보이는 영역입니다.
- 메뉴바나 아이콘바의 용도는 다른 소프트웨어와 큰 차이가 없습니다.
- 코드창에 프로그램 소스 코드를 입력하고 업로드 아이콘을 클릭하면 메세지에서 컴파일 결과나 과정을 볼 수 있습니다.
- 콘솔창에서는 보드로 보내지는 값 또는 결과, 혹은 메세지창에 나타난 결과에 대해 설명해 주니다.
- 탭추가 바에 있는 삼각형을 누르면 새로운 탭 만들기, 이름 바꾸기, 지우기, 탭 이동 등을 할 수 있습니다.

✖ 프로그램 메뉴와 기능을 살펴봅시다.

❶ 아이콘

- 아이콘 바에는 6개의 아이콘이 있는데 가장 많이 사용하는 기능이기도 합니다.
- 많이 쓰는 5개는 왼쪽에 조금 용도가 다른 1개는 오른쪽에 있습니다.

확인	작성한 프로그램 코드가 제대로 되었는지 확인해주고, 이상이 없으면 컴파일이라는 과정을 통해 기계가 이해할 수 있는 언어로 바꿔줍니다.
업로드	확인을 거쳐 오류도 없고 기계가 이해할 수 있는 언어로 바뀐 코드를 아두이노 보드로 보내주는 기능입니다.
새파일	새로운 스케치 작업을 할 때 사용합니다. 새로운 프로그래밍 코드를 적는 기능입니다. 새로운 창이 열려서 코드 작성할 수 있게 해 주니다.
열기	기존에 작성된 스케치를 열 때 사용합니다.
저장	지금 작성하고 있는 스케치 즉 프로그램 코드를 저장할 때 사용합니다.
시리얼 모니터	시리얼로 보내고 받는 값을 확인할 때 사용합니다.

❷ 메뉴

• 아두이노 메뉴는 <파일>, <편집>, <스케치>, <툴>, <도움말>로 구성되어 있습니다.

<파일> 메뉴

새파일	새로운 아두이노 창이 뜹니다. 아이콘바에 있는 <새파일>과 같습니다.
열기	전에 스케치한 것 즉 프로그램 작업한 것을 가져옵니다.
최근 파일 열기	가장 최근 프로그램 작업한 것을 가져옵니다.
스케치북	스케치북은 스케치한 것을 모아 놓은 곳입니다. 같은 작업에 필요한 프로그램 파일을 한 폴더에 모아 놓은 것과 같습니다.
예제	아두이노 스케치 예제를 모아 놓은 곳입니다. 다양한 응용 예가 들어 있어서 이것만 제대로 사용해도 많은 것을 만들 수 있습니다.
닫기	아두이노 프로그램을 종료합니다.
저장	스케치한 것을 저장합니다.
다른 이름으로 저장	스케치 이름을 바꿔 저장합니다.
페이지 설정	페이지 셋업은 프린터 출력을 위한 설정 부분입니다. 일반적인 워드 프로그램에 프린트 설정과 같습니다.
인쇄	프린트 하는 것입니다. 여기서 출력하는 것은 스케치한 소스 입니다.
환경설정	작업 위치나 편집기 글자 크기 설정, 저장 설정 등 여러 가지 설정을 모아 놓은 곳입니다.
종료	프로그램을 빠져나가는 기능입니다.

<편집> 메뉴

취소	했던 작업을 한 단계 뒤로 돌리는 기능입니다.
다시 실행	다시 했던 작업으로 돌리는 기능입니다.
잘라내기	코드 잘라내기입니다.
복사	코드 복사입니다.
포럼용으로 복사	스케치한 코드를 코드 윈도우에 나오는 색상까지 복사해서 포럼에 올리기 좋게 해주는 기능입니다.
HTML로 복사	복사한 스케치 코드를 웹 페이지에 올리기 적당하게 바꿔주는 것입니다.
붙여넣기	코드 붙이기입니다.
모두 선택	스케치 코드 전체 선택입니다.
go to line...	코드 줄번호로 이동합니다.
주석추가/주석삭제	스케치 코드를 주석으로 만들거나 해제하는 기능입니다. 선택한 글 앞에 "//" 를 달아 주거나 없애줍니다.
들여쓰기 추가	들여쓰기를 늘리는 것입니다. 글 문단 앞에 빈칸을 더 주는 것과 같습니다.
들여쓰기 줄이기	코드 앞에 빈칸을 줄이는 것입니다.
Increase Font Size	소스코드의 글자 크기를 키웁니다.
Decrease Font Size	소스코드의 글자 크기를 줄입니다.
찾기	단어 찾기 기능입니다.
다음 찾기	찾은 단어와 같은 다음 위치로 이동합니다.
이전 찾기	찾은 단어와 같은 이전 위치로 이동합니다.

<스케치> 메뉴

확인/컴파일	스케치 코드를 제대로 작성했나 점검하고 컴파일해주는 기능입니다.
업로드	아두이노 보드에 컴파일한 코드를 보냅니다. 〈업로드〉 아이콘을 누른 것과 같습니다.
프로그래머를 이용해 업로드	외부 프로그래머를 사용할 경우 사용하는 업로드 기능입니다.
컴파일된 바이너리 내보내기	아두이노파일(ino)와 같은 폴더에 바이너리 파일(bin)이 만들어 집니다.
스케치폴더 보이기	〈파일〉 메뉴의 〈스케치북〉 기능과 비슷하나 여기서는 코드를 불러들이는 것이 아니고 탐색기를 열어 스케치 폴더를 살펴 볼 수만 있습니다.
라이브러리 포함하기	라이브러리 헤더 파일을 가져오는 기능입니다. 이것을 해주면 스케치 코드에 #include 〈…,h〉 가 추가 됩니다.
파일 추가	선택한 파일 내용을 스케치 코드에 추가하는 기능입니다.

<툴> 메뉴

자동 포맷	흩어진 코드를 줄을 맞춰 정리해주는 기능입니다.
스케치 보관하기	현재 스케치를 복사하여 같은 폴더에 zip 파일로 압축하는 기능입니다.
인코딩 수정 & 새로 고침	스케치 작업을 다시 원상복구 할 때 사용합니다.
시리얼모니터	시리얼 모니터를 열어 줍니다.
시리얼플로터	시리얼 플로터를 열어 줍니다.
WiFi101 Firmware Updater	WiFi101 펌웨어 및 라이브러리 펌웨어 버전이 일치하지 않을 때 업데이트를 안내합니다.
보드	아두이노 보드를 선택할 때 사용합니다.
포트	시리얼 포트 선택하는 곳으로 여러 종류의 아두이노 보드를 쓸 때 포트가 다른 경우 사용합니다.
보드 정보 얻기	사용 중인 아두이노 보드의 정보를 안내합니다.
프로그래머	부트로더가 없는 새로운 형태의 ATmega 칩을 쓸 때 사용합니다.
부트로더 굽기	ATmega 칩을 써서 새로 회로를 만들었거나 칩을 교체해서 새로 아두이노 보드에 쓸 수 있게 할 때 사용합니다. 칩에 아두이노를 이용할 수 있는 부트로더라는 것을 만들어 주는 기능입니다.

<도움말> 메뉴

-Arduino.cc 사이트로 들어가거나 PC에 설치된 아두이노 문서를 보여줍니다.

-아두이노를 익히는 데 큰 도움을 주는 정보들이 안내됩니다.

🤖 수업 도움자료를 활용해 봅시다.

✖ 블로그

https://blog.naver.com/dulcinea012/222044541626

✖ 학습 앱

• apk 파일을 핸드폰에 저장하여 학습 안내 앱을 사용합니다.

✖ 유튜브 동영상

• 동영상을 활용하여 릴리패드 사용방법을 알아보고 참고 작품을 감상합니다.

✖ QR코드

• 핸드폰으로 동영상과 관련 사진을 볼 수 있습니다.

✖ 바느질 도안

• 바느질 도안은 설명이 적힌 학습지용과 밑그림만 있는 바느질용이 있습니다.

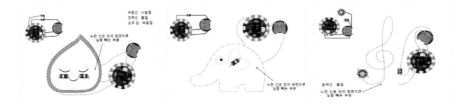

✖ 자료 만들기

• 릴리패드 학습을 위해 보드 형태의 바느질 틀을 만들어 사용하면 좋습니다.

• 나무나 포맥스판, 혹은 3D 프린팅을 활용할 수 있습니다.

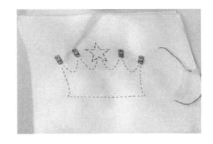

🤖 릴리타이니 보드와 회로도를 살펴봅시다.

✄ 릴리타이니 보드에 내장된 프로그램을 알아봅시다.

- 릴리 타이니는 (+), (−), 0, 1, 2, 3번 핀을 가지고 있습니다.
- 각 핀으로 출력되는 프로그램이 내장되어 있으므로 별도 프로그래밍 과정이 필요 없습니다.
- 0~3번 핀으로 출력되는 LED 효과가 서로 다릅니다.

  ❶: 숨쉬기 ❷: 심장 박동 ❸: 깜박임 ❸: 랜덤 페이드
- 표현하고자 하는 기능에 맞는 핀에 LED를 연결합니다.

릴리패드 프로젝트

✄ 릴리타이니 보드에 전원을 공급하여 프로그램을 실행해 봅시다.

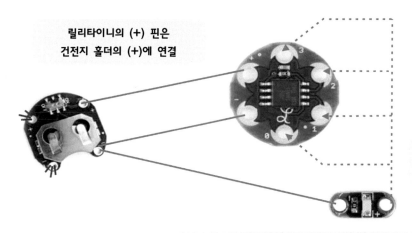

릴리타이니의 (+) 핀은
건전지 홀더의 (+)에 연결

LED의 (+) 핀은
0, 1, 2, 3번 핀 중
하나의 핀에 연결

LED의 (−) 단자와 릴리타이니의 (−) 핀은
건전지 홀더의 (−)에 연결

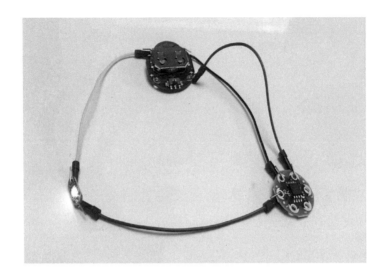

- 연결하고 건전지 스위치를 ON 하여 프로그램이 제대로 작동되는지 확인합니다.
- LED의 (+)를 0, 1, 2, 3번에 차례대로 연결하여 깜박임의 차이를 확인해봅니다.
- 회로와 부품이 잘 작동하는 것을 확인한 후 바느질로 소품을 완성합니다.
- 전도성 실을 이용하여 회로를 바느질(홈질, 시침질 등)로 연결합니다.

<주의>

- 전도성 실은 '전선'과 같아서 전류가 통하기 때문에 다른 가닥이 접촉하면 합선이 일어납니다.
- 서로 다른 핀에 연결되어야 하는 실이 서로 만나지 않도록 주의합니다.
- 보드와 연결하지 않은 쪽 배터리 (+), (-) 핀은 움직이지 않도록 일반 실로 꿰매어 고정합니다.

릴리타이니 보드에 2개 이상의 LED를 연결해 봅시다.

※ 2개 이상의 LED를 같은 핀에 연결해 봅시다.

- 2개의 LED를 (+)와 (+), (-)와 (-)끼리 연결합니다.
- 2개 LED의 (+) 핀을 릴리타이니의 원하는 핀에 연결합니다.
- LED의 개수가 3개, 4개로 늘어나도 원리는 같습니다.
- 배터리가 방전되었거나 공급 전력에 비해 LED 개수가 많을 경우 켜지지 않을 수 있습니다.

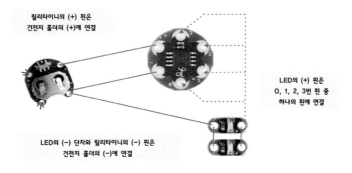

릴리타이니의 (+) 핀은
건전지 홀더의 (+)에 연결

LED의 (+) 핀은
0, 1, 2, 3번 핀 중
하나의 핀에 연결

LED의 (-) 단자와 릴리타이니의 (-) 핀은
건전지 홀더의 (-)에 연결

※ 2개 이상의 LED를 서로 다른 핀에 연결해 봅시다.

- 2개의 LED를 (-)와 (-)끼리 연결합니다.
- LED의 (+) 핀을 각각 다른 핀에 연결합니다.

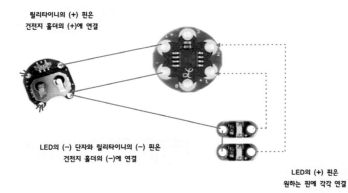

릴리타이니의 (+) 핀은
건전지 홀더의 (+)에 연결

LED의 (-) 단자와 릴리타이니의 (-) 핀은
건전지 홀더의 (-)에 연결

LED의 (+) 핀은
원하는 핀에 각각 연결

✖ 4개 이상의 LED를 같은 핀에 연결해 봅시다.

건전지 홀더 (+) ↔ 릴리타이니 (+)
건전지 홀더 (−) ↔ 릴리타이니 (−)

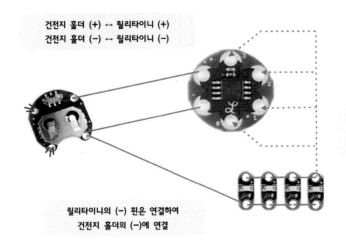

4개의 LED의 (+) 핀을
연결하여 0, 1, 2, 3번 핀 중
하나의 핀에 연결

릴리타이니의 (−) 핀은 연결하여
건전지 홀더의 (−)에 연결

✖ 4개 이상의 LED를 서로 다른 핀에 연결해 봅시다.

건전지 홀더 (+) ↔ 릴리타이니 (+)
건전지 홀더 (−) ↔ 릴리타이니 (−)

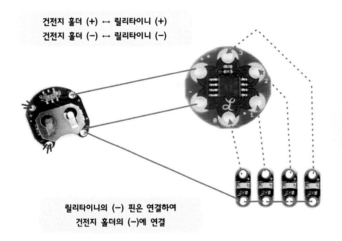

4개의 LED의 (+) 핀을
각각 0, 1, 2, 3번 핀 중
하나의 핀에 연결

릴리타이니의 (−) 핀은 연결하여
건전지 홀더의 (−)에 연결

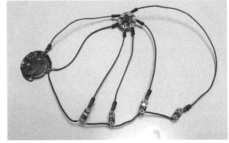

웨어러블 완성을 위한 바느질 방법을 알아봅시다.

✖ 전도성 실을 사용할 때 유의할 점을 알아봅시다.

- 전도성 실은 '전선'입니다.
  - 웨어러블 소품에서는 전도성 실이 점퍼선이나 집게 전선의 역할을 합니다.

- 접촉 불량인 경우 전류가 흐르지 않습니다.
  - 전도성 실이 끊어지거나 헐거울 경우 접촉 불량으로 전류가 흐르지 않을 수 있습니다.
  - 바느질의 중간 중간 실을 팽팽히 잡아당겨 정리하고, 핀과 연결되는 부분은 튼튼히 바느질하여 확실히 부품과 실이 단단히 연결되도록 되도록 합니다.

- 실이 만나면 합선을 일으킵니다.
  - 합선이 되었을 때 프로그램과 상관없이 모든 LED에 계속 불이 들어오는 경우가 많습니다.
  - 실이 교차하는 경우 한쪽 실을 천의 뒤로 빼내거나 테이프로 싸서 서로 닿지 않게 합니다.
  - 잔실이 노출되면서 서로 합선을 일으킬 수 있으므로 실의 마무리를 깔끔하게 합니다.
  - 바느질의 중간 중간 실을 팽팽하게 하여 들뜨거나 돌아다니는 부분이 없도록 합니다.

- 실의 성질을 잘 이용합니다.
  - 전도성 실은 일반실과 사용감이 많이 다릅니다.
  - 광택이 있고 매끈거리는 실은 바느질이 쉽지만 미끌거려서 매듭짓기 어렵습니다.
  - 광택이 없고 거친 실은 전류가 잘 통하지만 뻣뻣해서 잘 엉키고 끊어지는 성질이 있습니다.

✖ 전도성 실을 사용할 때 유의할 점을 알아봅시다.

❶ LED의 위치를 정하고 (+), (-) 핀을 전도성 실로 몇 땀씩 고정해 둡니다.

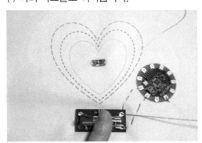

❷ 릴리패드 보드와 건전지의 위치를 정합니다. (+), (-) 핀끼리 가깝게 배치하는 것이 좋습니다..

❸ 도성실을 이용하여 건전지와 릴리패드 보드의 (+) (-) 끼리 바느질로 이어줍니다.

❹ 전도성실로 LED의 (+)를 프로그램 출력핀에, (-)를 건전지의 (-)에 이어줍니다. (뒷면에서 연결)

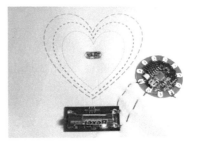

❺ 뒷면의 실이 서로 만나지 않도록 잔실을 깨끗이 자르거나 테이핑 하여 깔끔하게 마무리합니다.

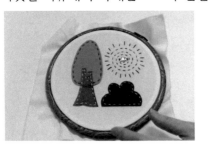

❻ 건전지 스위치를 켰을 때 업로드 한 프로그램이 작동되면 완성입니다.

✖ 바느질 과정을 간단히 해 봅시다.

- 부직포에 릴리패드 보드와 배터리를 바느질로 연결해서 보드처럼 만들어 둡니다.
- 이것을 의류에 부착해둔 LED와 연결하여 사용하면 편리합니다.

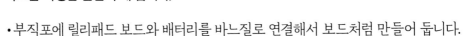
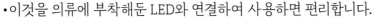

4 릴리타이니로 간단한 액세서리 만들기

단원		6학년 3-1. 생활 속 헝겊용품 만들기		
학습 주제		릴리타이니 보드를 활용하여 액세서리 만들기		
성취 기준		• 손바느질로 헝겊용품을 만드는 과정을 알 수 있다. • 주어진 프로그램을 수정하여 자신만의 프로그램을 만들 수 있다.		
핵심 역량		핵심역량 자기관리, 지식 정보처리, 창의적 사고, 심미적 감성 창의인성 확산적 사고, 상상력, 열정, 흥미		
학습 자료		릴리타이니, LED, 전도성실, 코인셀 배터리, 가위, 바늘, 액세서리 재료		

단계	학습 절차	학습 요소	교수·학습 과정	지도상의 유의점
도입	목적 설정	학습 흥미 유발	• 다양한 웨어러블 작품을 감상하며 느낌을 이야기 해본다.	• 릴리패드로 만든 실물 작품(옷, 모자, 목걸이, 머리띠), 동영상, 사진
		주제 제시	• 릴리타이니를 활용하여 나만의 액세서리를 만들어 보자.	
전개	계획	수행 방법 알아보기	• 시침질, 홈질, 박음질 방법을 확인한다. • 릴리패드 보드를 점퍼선으로 연결하여 LED에 불이 들어오게 하는 방법을 확인한다. • 릴리타이니 보드의 사용법 및 바느질 방법을 알아본다. 	• 바느질 사진 자료 • 릴리타이니는 LED를 작동시키는 프로그래밍이 내장되어있으므로 코딩과 업로드 과정 없이 학생들이 보다 작품 만들기에 집중할 수 있다. • 릴리타이니 프로그램 1번 판: 숨쉬기 2번 판: 심장박동 3번 판: 깜박임 4번 판: 랜덤 페이드 • 릴리패드 타이니 도안 • 만들기 참고 자료 (메카솔루션 만들랩 참조) • 만드는 순서를 프린트물로 제공하여 학생들이 잘 따라해보도록 한다.
		계획하기	• 개인별로 만들고 싶은 액세서리를 선택한다. • 준비물과 바느질 도구를 사용하여 액세서리를 만든다. • 보드 연결을 고려하여 있으므로 만드는 순서와 바느질 방법을 꼼꼼히 확인한다. • 액세서리를 만드는 과정에서 주의할 점을 체크한다.	
	실행	활동하기	• 부품을 잘 배치하여 바느질을 한다. • 전도실이 서로 만나지 않도록 주의하여 작품을 완성한다. • 모둠별 학습앱과 QR코드를 활용하거나 질문을 통해 문제를 해결해가면서 작품을 완성한다.	
정리	평가		• 작품 카페를 열어 서로의 작품을 감상한다. • 감상릴레이를 통해 모든 학생이 느낀 점을 발표하고 동료평가가 이루어지도록 한다.	• 수업의 전과정에서 교사-학생, 학생-학생간의 질의응답을 통한 학습 피드백이 이루어지게 한다.
평가 계획			• 릴리패드를 활용하여 스마트 헝겊소품을 완성할 수 있는가? • 소프트웨어가 의류에 적용되는 사례를 통해 우리 생활의 모든 분야에서 사용되고 있음을 인지하는가?	

![로봇 아이콘] **수업에 필요한 준비물과 참고 작품을 살펴봅시다.**

✄ **준비물을 체크해 봅시다.**

- 활동 예시 : LED목걸이팔찌, 머리띠 등
- 준비물 : 릴리타이니, LED, 코인셀 배터리, 전도성 실, 가위, 바늘, 레이스, 천조각 등
- 액세서리 재료를 구하기 힘든 경우 : 자신이 가지고 있는 액세서리를 활용

✄ **참고작품을 살펴봅시다. (일부 출처: 메카솔루션 만들랩)**

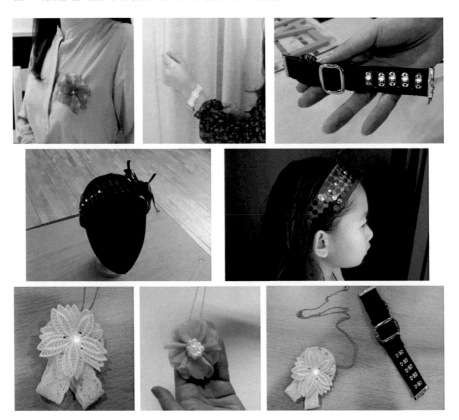

5 릴리패드 사용법 알아보기

릴리패드 보드와 회로도를 살펴봅시다.

✕ 릴리패드의 입출력 핀을 구분해 봅시다.

- (2센서의) 아날로그 신호를 입력 받는 A2, A3, A4, A5 핀이 있습니다.
- 디지털 신호를 입력받거나 내보내는 2, 3, 9, 10, 11번 핀이 있습니다.
- 아날로그 핀으로부터 센서값을 입력 받고 디지털 핀으로 프로그램을 출력합니다.

데이터 형태	입력				입·출력				
	아날로그 핀				아날로그·디지털(PWM) 핀				디지털핀
핀 번호	A2	A3	A4	A5	9	10	11	3	2
연결가능 부품	온도 센서, 빛 센서, 가속도 센서 등				LED(출력), 부저(출력), 버튼(입력)				

✕ 릴리패드의 회로도를 구성하여 봅시다.

❶ 릴리패드 LED의 (+)극은 10번 핀에 연결합니다.

❷ 릴리패드 LED의 (-)극은 배터리 홀더의 (-) 단자에 연결합니다.

❸ 릴리패드 보드의 (+)핀과 배터리 홀더의 (+) 단자를 연결합니다.

❹ 릴리패드 보드의 (-)핀과 배터리 홀더의 (-) 단자를 연결합니다.

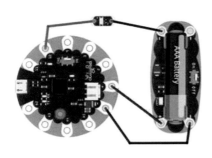
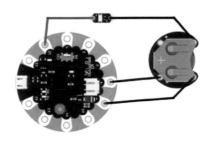

✕ LED 1초씩 켰다 끄기를 프로그래밍 해봅시다.

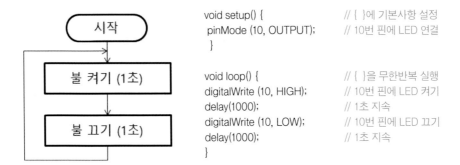

```
void setup() {                    // { }에 기본사항 설정
 pinMode (10, OUTPUT);            // 10번 핀에 LED 연결
 }

void loop() {                     // { }을 무한반복 실행
digitalWrite (10, HIGH);          // 10번 핀에 LED 켜기
delay(1000);                      // 1초 지속
digitalWrite (10, LOW);           // 10번 핀에 LED 끄기
delay(1000);                      // 1초 지속
 }
```

✕ 프로그램 업로드 후 작동 여부를 확인해 봅시다.

- 전선집게나 점퍼선으로 보드와 부품을 연결하여 회로도를 구성합니다.
- 그림은 각각 '건전지'와 '코인셀 배터리'로 전원을 연결한 모습입니다.
- 컴퓨터에 연결되어 컴퓨터로부터 전원이 공급되는 동안은 배터리 홀더를 'OFF'로 합니다.
- 아두이노 스케치로 프로그램을 업로드한 후 LED에 불이 들어오는 것을 확인합니다.
- 컴퓨터와의 연결을 끊고 배터리 홀더를 'ON'으로 합니다.

✖ 바느질 작품에 적용해 봅시다.

• 전도성 실로 회로가 이어지게 바느질하여 옷이나 소품에 부착합니다.

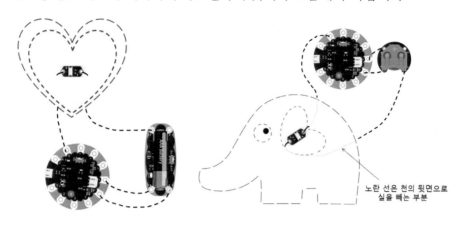

노란 선은 천의 뒷면으로
실을 빼는 부분

6 릴리패드로 2개의 LED 제어하기

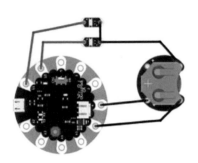 **2개의 LED가 교대로 깜빡이도록 제어해 봅시다.**

✖ **2개의 LED를 사용하여 회로도를 구성합니다.**

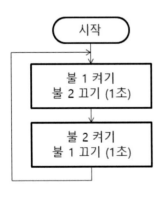

❶ 두 LED의 (+)극은 10, 11번 핀에 각각 연결합니다.

❷ 두 LED의 (-)극끼리 연결하고 배터리의 (-) 단자와 연결합니다. (각각 연결해도 됩니다.)

❸ 릴리패드 보드의 (+)핀과 배터리 홀더의 (+) 단자를 연결합니다.

❹ 릴리패드 보드의 (-)핀과 배터리 홀더의 (-) 단자를 연결합니다.

✖ **다음 프로그램을 업로드한 후 실행되는지 확인해봅시다.**

```
시작
  │
  ▼
┌─────────────────┐
│   불 1 켜기       │
│ 불 2 끄기 (1초)   │
└─────────────────┘
  │
  ▼
┌─────────────────┐
│   불 2 켜기       │
│ 불 1 끄기 (1초)   │
└─────────────────┘
```

```
void setup() {                    // { }에 기본사항 설정
 pinMode (11, OUTPUT);            // 11번 핀에 LED 연결
 pinMode (10, OUTPUT);            // 10번 핀에 LED 연결
}
void loop() {                     // { }을 무한반복 실행
digitalWrite (11, HIGH);          // 11번 핀에 LED 켜기
digitalWrite (10, LOW);           // 10번 핀에 LED 끄기
delay(1000);                      // 1초 지속
digitalWrite (11, LOW);           // 11번 핀에 LED 끄기
digitalWrite (10, HIGH);          // 10번 핀에 LED 켜기
delay(1000);                      // 1초 지속
}
```

✖ 프로그램 업로드 후 작동 여부를 확인해 봅시다.

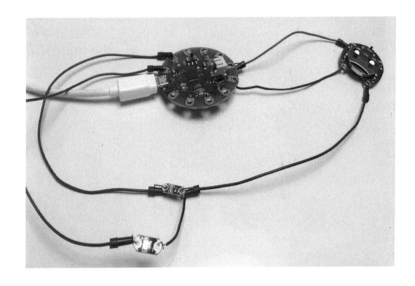

- 집게 전선이나 점퍼선으로 연결하여 LED에 불이 들어오는 것을 확인합니다.
- 컴퓨터와 연결되는 동안 전력이 공급되므로 프로그램 업로드 후 컴퓨터와 릴리
  패드를 분리한 다음 배터리를 넣거나 배터리 홀더를 'on' 상태로 켭니다.
- 프로그램대로 작동한다면 회로도와 부품에 문제가 없는 것이므로 바느질로 작
  품을 완성합니다.

✖ 바느질 작품에 적용해 봅시다.

• 원하는 도안을 선택하여 웨어러블 작품을 만들어 봅시다.

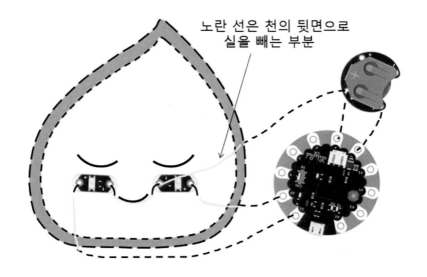

노란 선은 천의 뒷면으로
실을 빼는 부분

[릴리패드 2개 LED 교대로 켜기]
https://youtu.be/FIFJMIN4GWA

릴리패드 LED

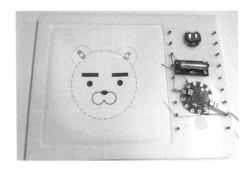

4개의 LED가 동시에 깜빡이도록 제어해 봅시다.

✖ 4개의 LED를 사용하여 회로도를 구성합니다.

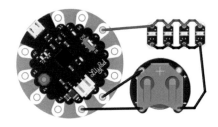

❶ 4개의 LED (+)극을 모두 이어서 9번 핀에 연결합니다.

❷ LED 4개의 (-)극은 배터리 홀더의 (-) 단자에 연결합니다.

❸ 릴리패드 보드의 (+)핀과 배터리 홀더의 (+) 단자를 연결합니다.

❹ 릴리패드 보드의 (-)핀과 배터리 홀더의 (-) 단자를 연결합니다.

✖ 다음 프로그램을 업로드한 후 실행되는지 확인해봅시다.

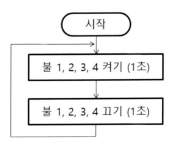

시작

불 1, 2, 3, 4 켜기 (1초)

불 1, 2, 3, 4 끄기 (1초)

```
void setup() {              // { }에 기본사항 설정
 pinMode (9, OUTPUT);       // 9번 핀에 LED 4개 연결
}
void loop() {               // { }을 무한반복 실행
digitalWrite (9, HIGH);     // 9번 핀에 LED 켜기
delay(1000);                // 1초 지속
digitalWrite (9, LOW);      // 9번 핀에 LED 끄기
delay(1000);                // 1초 지속
}
```

✖ 프로그램 업로드 후 작동 여부를 확인해 봅시다.

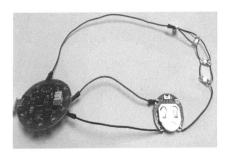

• 집게 전선이나 점퍼선으로 연결하여 LED에불이 들어오는 것을 확인합니다.

• 컴퓨터와 연결되는 동안 전력이 공급되므로 프로그램 업로드 후 컴퓨터와 릴리패드를 분리한 다음 배터리를 넣거나 배터리 홀더를 'on' 상태로 켭니다.

• 프로그램대로 작동한다면 회로도와 부품에 문제가 없는 것이므로 바느질로 작품을 완성합니다.

✖ 바느질 작품에 적용해 봅시다.

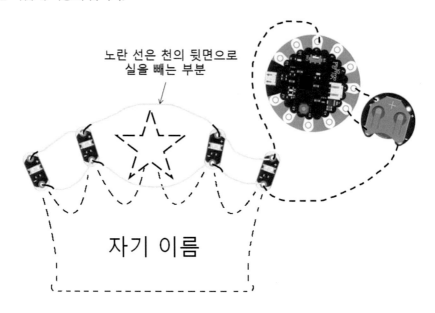

노란 선은 천의 뒷면으로
실을 빼는 부분

자기 이름

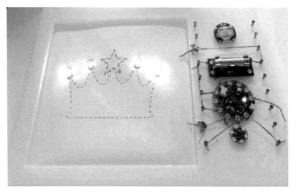

• 릴리패드 4개 LED 교대로 켜기
https://youtu.be/lpKER0nrLh0

릴리패드 LED

✖ 생각 더하기

• 어떤 웨어러블 작품에 사용하면 좋을까요?

• 좋은 점과 아쉬운 점을 더하여 새로운 아이디어를 만들어 봅시다.

🤖 4개의 LED가 교대로 깜빡이도록 제어해 봅시다.

✖ 4개의 LED를 사용하여 회로도를 구성합니다.

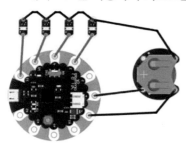

❶ 4개의 LED의 (+)극은 3, 9, 10, 11번 핀에 각각 연결합니다.

❷ LED 4개의 (-)극을 모두 이어서 배터리 홀더의 (-)단자에 연결합니다. 각각 연결해도 됩니다.

❸ 릴리패드 보드의 (+)핀과 배터리 홀더의 (+) 단자를 연결합니다.

❹ 릴리패드 보드의 (-)핀과 배터리 홀더의 (-) 단자를 연결합니다.

✖ 다음 프로그램을 업로드한 후 실행되는지 확인해 봅시다.

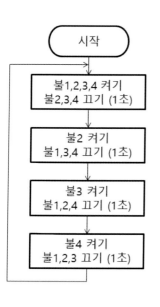

```
void setup() {                          // { }에 기본사항 설정
  pinMode (11, OUTPUT);                 // 11번 핀에 LED 연결
  pinMode (10, OUTPUT);                 // 10번 핀에 LED 연결
  pinMode (9, OUTPUT);                  // 9번 핀에 LED 연결
  pinMode (3, OUTPUT);                  // 3번 핀에 LED 연결
}
void loop() {                           // { }을 무한반복 실행
digitalWrite (11, HIGH);                // 11번 핀에 LED 켜기
digitalWrite (10, LOW); digitalWrite (9, LOW);  digitalWrite (3, LOW);
delay(1000);                            // 10, 9, 3번 핀에 LED 끄기, 1초 지속
digitalWrite (10, HIGH);                // 10번 핀에 LED 켜기
digitalWrite (11, LOW); digitalWrite (9, LOW);  digitalWrite (3, LOW);
delay(1000);                            // 11, 9, 3번 핀에 LED 끄기, 1초 지속
digitalWrite (9, HIGH);                 // 9번 핀에 LED 켜기
digitalWrite (11, LOW); digitalWrite (10, LOW);  digitalWrite (3, LOW);
delay(1000);                            // 11, 10, 3번 핀에 LED 끄기, 1초 지속
digitalWrite (3, HIGH);                 // 3번 핀에 LED 켜기
digitalWrite (11, LOW); digitalWrite (10, LOW);  digitalWrite (9, LOW);
delay(1000);                            // 11, 10, 9번 핀에 LED 끄기, 1초 지속
}
```

시작

불1,2,3,4 켜기
불2,3,4 끄기 (1초)

불2 켜기
불1,3,4 끄기 (1초)

불3 켜기
불1,2,4 끄기 (1초)

불4 켜기
불1,2,3 끄기 (1초)

✖ 프로그램 업로드 후 작동 여부를 확인해 봅시다.

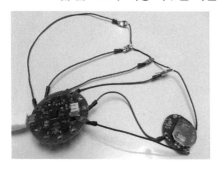

- 집게 전선이나 점퍼선으로 연결하여 LED에 불이 들어오는 것을 확인합니다.
- 컴퓨터와 연결되는 동안 전력이 공급되므로 프로그램 업로드 후 컴퓨터와 릴리패드를 분리한 다음 배터리를 넣거나 배터리 홀더를 'on' 상태로 켭니다.
- 프로그램대로 작동한다면 회로도와 부품에 문제가 없는 것이므로 바느질로 작품을 완성합니다.

✖ 바느질 작품에 적용해 봅시다.

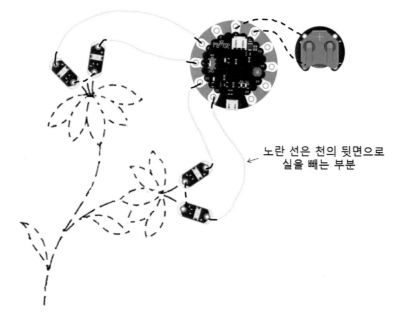

노란 선은 천의 뒷면으로
실을 빼는 부분

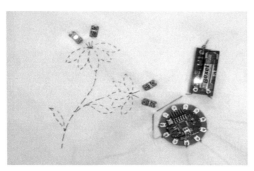

- 릴리패드 4개 LED 동시에 켜기
https://youtu.be/lpKER0nrLh0

릴리패드 LED

어두운 곳에서 반짝이는 웨어러블을 만들어 봅시다.

✖ 빛 센서와 LED를 사용하여 회로도를 구성합니다.

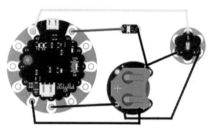

❶ LED (+)극은 11번 핀에 연결합니다.

❷ LED (-)극은 배터리 (-) 단자에 연결합니다.

❸ 릴리패드 보드의 (+)핀과 배터리 홀더의 (+) 단자를 연결합니다.

❹ 릴리패드 보드의 (-)핀과 배터리 홀더의 (-) 단자를 연결합니다.

❺ 빛 센서의 S핀은 릴리패드 보드의 A2에 연결하고 (+), (-)극 각각 배터리 홀더의 (+), (-) 단자에 연결합니다.

✖ 다음 프로그램을 업로드한 후 실행되는지 확인해 봅시다.

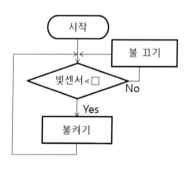

```
void setup() {                    // { }에 기본사항 설정
 pinMode (11, OUTPUT);            // 11번 핀에 LED 연결
}
void loop() {                     // { }을 무한반복 실행
int sensor = analogRead(A2);      // 변수에 A2값 저장
if (sensor<100) {                 // 변수값이 100보다 작으면
digitalWrite (11, HIGH);          // 11번 핀 켜기
delay(1000);                      // 1초 지속
} else {                          // 변수값이 100보다 크면
digitalWrite (11, LOW);           // 11번 끄기
delay(1000);                      // 1초 지속
}
}
```

Verify
코드 오류
확인

New
새 코드 작성

Save 코드 저장

Serial Monitor
시리얼 전송 값 확인

- 센서값은 사용 환경에 따라 차이가 있으므로 프로그래밍 환경에서의 센서값을 확인합니다.
- LED에 불이 켜지는 센서값을 조건을 정하기 위해서는 입력되는 센서값을 알아야 합니다.
- <시리얼 모니터>를 열고 센서를 어둡게 밝게 하면서 입력되는 센서값의 변화를 관찰합니다.
- 입력되는 센서값의 범위를 고려하여 LED가 켜지는 조건을 적당히 수정하여 코딩 합니다.

✖ 프로그램 업로드 후 작동 여부를 확인해 봅시다.

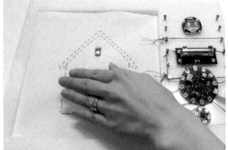

✖ 바느질 작품에 적용해 봅시다.

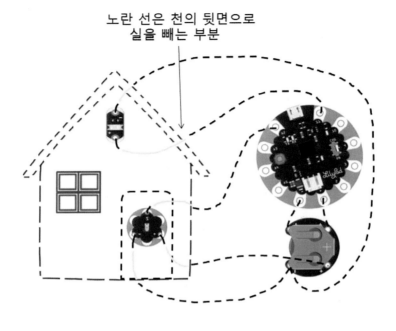

노란 선은 천의 뒷면으로
실을 빼는 부분

[릴리패드 빛 센서 사용하기]
https://youtu.be/vZZuDhY6lLl

릴리패드 센서 활용

✖ 생각 더하기

• 어떤 웨어러블 작품에 사용하면 좋을까요?

• 좋은 점과 아쉬운 점을 더하여 새로운 아이디어를 만들어 봅시다.

달릴 때 반짝이는 웨어러블을 만들어 봅시다.

✖ 가속도 센서와 LED를 사용하여 회로도를 구성합니다.

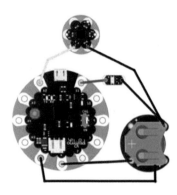

❶ LED의 (+)극은 11번 핀에 연결합니다.

❷ LED의 (-)극은 배터리 홀더 (-) 단자에 연결합니다.

❸ 릴리패드 보드의 (+)핀과 배터리 홀더의 (+) 단자를 연결합니다.

❹ 릴리패드 보드의 (-)핀과 배터리 홀더의 (-) 단자를 연결합니다.

❺ 가속도 센서의 S 핀은 릴리패드 보드의 A2에 연결하고 (+), (-)극 각각 배터리 홀더의 (+), (-) 단자에 연결합니다.

✖ 다음 프로그램을 업로드한 후 실행되는지 확인해 봅시다.

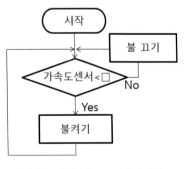

입력되는 센서값을 보고 불이 켜지는 조건을 적당히 수정합니다.

```
void setup() {                    // { }에 기본사항 설정
  pinMode (11, OUTPUT);           //11번 핀에 LED 연결
}
void loop() {                     // { } 무한 반복
int sensor =                      // 변수에 A2값 저장
analogRead(A2);                   // 변수값이 500보다 작으면
if (sensor<500) {
digitalWri                        //11번 불켜기
te (11, HIGH);  delay(1000);      // 1초 지속
} else {                          // 변수값이 500보다 크면
digitalWrite (11, LOW);           // 11번 불끄기
delay(1000);                      //1초 지속
}
}
```

✖ 프로그램 업로드 후 작동 여부를 확인해 봅시다.

- 집게 전선이나 점퍼선으로 연결하여 LED에 불이 들어오는 것을 확인합니다.
- 컴퓨터와 연결되는 동안 전력이 공급되므로 컴퓨터와 릴리패드 분리 후 배터리를 넣거나 'on' 상태로 합니다.
- 프로그램대로 작동한다면 회로도와 부품에 문제가 없는 것이므로 바느질로 작품을 완성합니다.

✖ 바느질 작품에 적용해 봅시다.

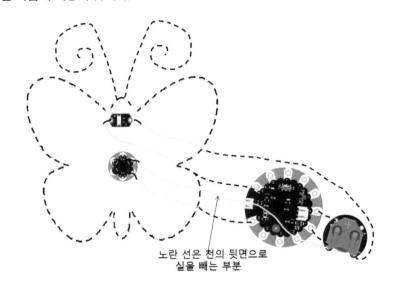

노란 선은 천의 뒷면으로
실을 빼는 부분

[릴리패드 가속도 센서 사용하기]
https://youtu.be/sMklyUZq-Sw

릴리패드 센서 활용

🤖 **온도에 따라 빛을 바꾸는 웨어러블을 만들어 봅시다.**

✕ **온도 센서와 2개의 LED를 사용하여 회로도를 구성합니다.**

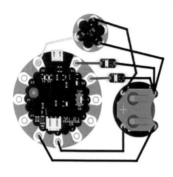

❶ 빨간색 LED의 (+)극은 11번 핀에 연결하고 파란색 LED의 (+)극은 10번 핀에 연결합니다.

❷ 두 LED의 (-)극은 배터리 홀더 (-) 단자에 연결합니다.

❸ 릴리패드 보드의 (+)핀과 배터리 홀더의 (+) 단자를 연결합니다.

❹ 릴리패드 보드의 (-)핀과 배터리 홀더의 (-) 단자를 연결합니다.

❺ 온도 센서의 S 핀은 릴리패드 보드의 A2에 연결하고 (+), (-)극 각각 배터리 홀더 (+), (-)단자에 연결합니다.

✕ **다음 프로그램을 업로드한 후 실행되는지 확인해 봅시다.**

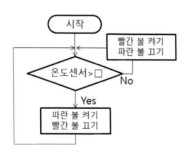

입력되는 센서값을 보고 불이 켜지는 조건을 적당히 수정 합니다.

```
void setup() {                          // { }에 기본사항 설정
 pinMode (11, OUTPUT);                   // 11번 핀 LED(빨강) 연결
 pinMode (10, OUTPUT);                   // 10번 핀 LED(파랑) 연결
}

void loop() {                           // { } 부분 무한 반복
float sensor = analogRead(A2);          // 변수에 A2값 저장
if (sensor>240){
digitalWrite (11, HIGH);                // A2값이 240보다 크면
digitalWrite (10, LOW);                 // 11번 핀 LED 켜기
delay(1000);                            // 10번 핀 LED 끄기
} else {                                // 1초 지속
digitalWrite (11, LOW);                 // A2값이 27보다 크면
digitalWrite (10, HIGH);                // 11번 핀 LED 끄기
delay(1000);                            // 10번 핀 LED 켜기
}                                       // 1초 지속
}
```

☒ 프로그램 업로드 후 작동 여부를 확인해 봅시다.

- 집게 전선이나 점퍼선으로 연결하여 LED에 불이 들어오는 것을 확인합니다.
- 컴퓨터와 연결되는 동안 전력이 공급되므로 컴퓨터와 릴리패드 분리 후 배터리를 넣거나 'on' 상태로 합니다.
- 프로그램대로 작동한다면 회로도와 부품에 문제가 없는 것이므로 바느질로 작품을 완성합니다.

☒ 바느질 작품에 적용해 봅시다.

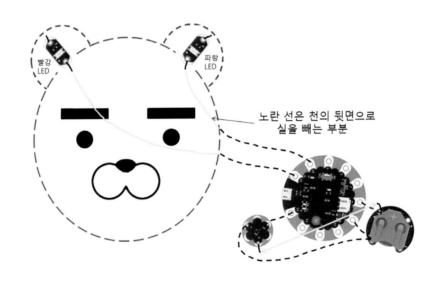

빨강 LED

파랑 LED

노란 선은 천의 뒷면으로 실을 빼는 부분

[온도에 따라 색깔이 변하는 LED]
https://youtu.be/yp2cRfTbqJU

릴리패드 센서 활용

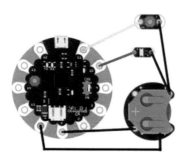 버튼을 사용하여 LED를 제어하는 웨어러블을 만들어 봅시다.

✖ 버튼과 LED를 사용하여 회로도를 구성합니다.

❶ 버튼의 (+)극은 11번 핀에 연결합니다.

❷ LED의 (+)극은 10번 핀에 연결합니다.

❸ 버튼과 LED의 (-)극은 배터리 홀더의 (-)단자에 연결합니다.

❹ 릴리패드 보드의 (+)핀과 배터리 홀더의 (+) 단자를 연결합니다.

❺ 릴리패드 보드의 (-)핀과 배터리 홀더의 (-) 단자를 연결합니다.

✖ 다음 프로그램을 업로드한 후 실행되는지 확인해 봅시다.

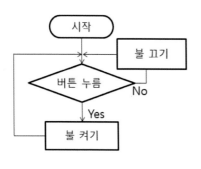

```
void setup() {                              // { }에 기본사항 설정
 pinMode (11, INPUT_PULLUP);                // 11번 핀에 버튼 연결
 pinMode (10, OUTPUT);                      // 10번 핀에 LED 연결
}
void loop() {                               // { } 무한 반복
boolean button = digitalRead(11);           // 변수에 11번값 저장
if (button==0) {                            // 11번 핀에 신호입력이면
digitalWrite (10, HIGH);                    // 10번 LED 켜기
delay(1000);                                // 1초 지속
}
if (button==1) {                            // 11번 핀에 신호입력이 없으면
digitalWrite (10, LOW);                     // 10번 LED 끄기
delay(1000);                                // 1초 지속
}
}
```

☒ 프로그램 업로드 후 작동 여부를 확인해 봅시다.

- 집게 전선이나 점퍼선으로 연결하여 LED에 불이 들어오는 것을 확인합니다.
- 컴퓨터와 연결되는 동안 전력이 공급되므로 컴퓨터와 릴리패드 분리 후 배터리를 넣거나 'on' 상태로 합니다.
- 프로그램대로 작동한다면 회로도와 부품에 문제가 없는 것이므로 바느질로 작품을 완성합니다.

☒ 바느질 작품에 적용해 봅시다.

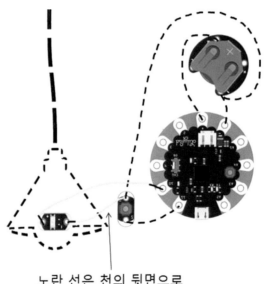

노란 선은 천의 뒷면으로
실을 빼는 부분

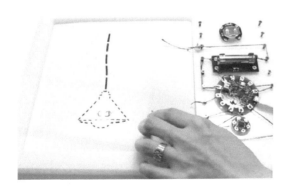

[릴리패드 버튼으로 LED 켜기]
https://youtu.be/lAFqWjn7zio

릴리패드 센서 활용

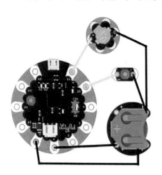 버튼을 사용하여 LED를 제어하는 웨어러블을 만들어 봅시다.

✖ 버튼과 부저를 사용하여 회로도를 구성합니다.

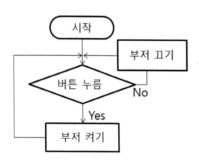

❶ 부저의 (+)극은 11번 핀에 연결합니다.

❷ 버튼의 (+)극은 10번 핀에 연결합니다.

❸ 부저와 버튼의 (-)극은 배터리 홀더의 (-)단자에 연결합니다.

❹ 릴리패드 보드의 (+)핀과 배터리 홀더의 (+) 단자를 연결합니다.

❺ 릴리패드 보드의 (-)핀과 배터리 홀더의 (-) 단자를 연결합니다.

✖ 다음 프로그램을 업로드한 후 실행되는지 확인해 봅시다.

```
시작
부저 끄기
버튼 누름    No
       Yes
부저 켜기
```

소스 코드의 음계를 수정하여 자신이 원하는 간단한 곡으로 바꾸어 각자 프로그래밍 해보도록 합니다.

```
void setup() {                              // { }에 기본사항 설정
pinMode (11, OUTPUT);                        //11번 핀에 부저 연결
pinMode (10, INPUT_PULLUP);                  //10번 핀에 버튼 연결
}
void loop() {                               // { } 부분 무한반복
boolean button=digitalRead(10);             // 변수에 10번핀 값 저장
if (button==0) {                            // 10번 핀에 신호 입력이면
tone(11,523,1000); delay(1000);            //도 (1초 지속)
tone(11,587,1000); delay(1000);            //레 (1초 지속)
tone(11,659,1000); delay(1000);            //미 (1초 지속)
tone(11,698,1000); delay(1000);            //파 (1초 지속)
tone(11,783,1000); delay(1000);            //솔 (1초 지속)
tone(11,880,1000); delay(1000);            //라 (1초 지속)
tone(11,987,1000); delay(1000);            //시 (1초 지속)
tone(11,1047,1000); delay(1000);           //도 (1초 지속)
} else                                      // 10번 핀에 신호 입력이 없으면
Notone(11);                                 // 부저 울림 없음
}
}
```

✖ 프로그램 업로드 후 작동 여부를 확인해 봅시다.

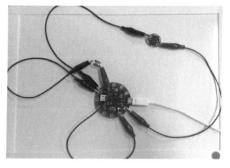

- 집게 전선이나 점퍼선으로 연결하여 LED에 불이 들어오는 것을 확인합니다.
- 컴퓨터와 연결되는 동안 전력이 공급되므로 컴퓨터와 릴리패드 분리 후 배터리를 넣거나 'on' 상태로 합니다.
- 프로그램대로 작동한다면 회로도와 부품에 문제가 없는 것이므로 바느질로 작품을 완성합니다.

✖ 바느질 작품에 적용해 봅시다.

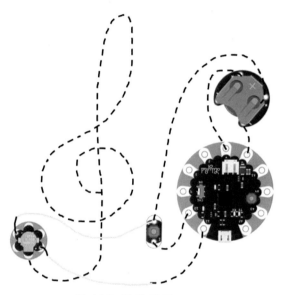

노란 선은 천의 뒷면으로
실을 빼는 부분

[릴리패드 버튼으로 멜로디 듣기]
https://youtu.be/YWfN2kCZ8Pc

릴리패드 센서 활용

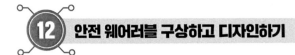

12 안전 웨어러블 구상하고 디자인하기

🤖 아두이노 릴리패드를 사용한 다양한 작품을 구상하여 봅시다.

✖ 참고 작품을 살펴봅시다.

- 자전거 라이더를 위한 '방향등' 셔츠: 미국 콜로라도 대학 레아 부클리의 작품
- https://www.youtube.com/watch?v=G6QHeNoqe9U

🤖 **아이디어가 반짝이는 안전 웨어러블을 계획하고 발표해 봅시다.**

제품 이름	
개발팀	
역할 분담	
준비물	
제품의 기능과 알고리즘	제품의 기능을 생각하여 프로그래밍 절차를 생각해 봅시다.
제품의 형태	웨어러블의 디자인을 스케치해 봅시다.
이 제품의 좋은 점	이 제품에서 돋보이는 아이디어는 무엇인가요?
친구들의 반응	우리 팀의 웨어러블 제작 계획에 대한 친구들의 생각은 어떠한가요?
더 생각할 점	다른 팀의 발표를 듣고 난 후 달라진 생각이 있다면 적어 봅시다.

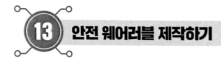
아두이노 릴리패드를 사용하여 웨어러블을 완성하는 방법을 알아봅시다.

❶ 회로도를 구성하고 아두이노와 컴퓨터를 연결합니다.

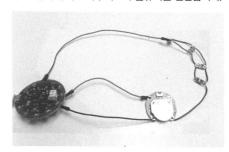

❷ 아두이노 스케치를 실행하여 프로그램을 작성합니다.

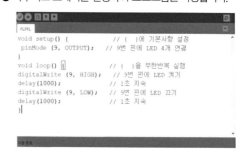

```
void setup() {            // (   )에 기본사항 설정
  pinMode (9, OUTPUT);    // 9번 핀에 LED 4개 연결
}
void loop() {             // (   )을 무한반복 실행
digitalWrite (9, HIGH);   // 9번 핀에 LED 켜기
delay(1000);              // 1초 지속
digitalWrite (9, LOW);    // 9번 핀에 LED 끄기
delay(1000);              // 1초 지속
}
```

❸ 아두이노 보드에 소스코드를 업로딩한 후 프로그램 동작을 확인합니다.

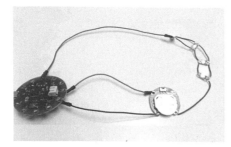

❹ 부품과 보드를 적절히 배치하여 바느질로 회로를 구성합니다.

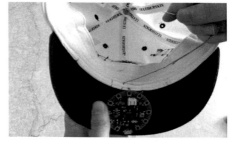

❺ 건전지를 연결하여 전력 공급과 프로그램 동작을 확인합니다.

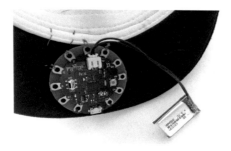

❻ 웨어러블의 기능과 용도에 맞게 활용합니다.

[릴리패드에 전원 공급하기]
• 릴리패드 전원 장치에는 건전지, 코인셀, 리튬 폴리머 배터리가 있습니다.
• 건전지와 코인셀 배터리는 바느질로 의류에 부착시켜 사용하는 반 면리튬 폴리머 배터리는 바느질 없이 보드에 끼워서 사용할 수 있습니다.

14 웨어러블 발표회

🤖 다른 팀들의 발표를 듣고 의견을 나누어 봅시다.

✖ 여러 팀의 산출물에서 새로운 아이디어 발견하기

- 팀별 발표 후 질의응답 시간을 갖도록 하여 아이디어를 확장하는 기회를 가집니다.
- 좋은 점과 아쉬운 점을 함께 생각하고 당연하게 여기는 것을 비판적 관점에서 접근해 봅니다.
- 다른 팀의 발표 내용에 경청하고 자신의 생각과 비교해 보도록 합니다.

✖ 크라우드 펀딩

- 크라우드 펀딩 활동을 통해 제품 아이디어에 대한 투자금 모으기를 합니다.
- 모둠별 100원~1000원까지 펀딩합니다.
- 펀딩금을 모았을 때 100원당 쿠폰 1개와 바꿀 수 있도록 합니다.

🤖 다른 팀들의 발표를 듣고 의견을 나누어 봅시다.

팀 이름		제 점수는요	☆☆☆☆☆ ☆☆☆☆☆
제품 이름			
평가 기준	예) 아름다움, 디자인, 편리성, 안전성, 견고성, 독창성		
좋은 아이디어			
아쉬운 점			

✖ 많은 사람들이 참여하는 평가

- 학급 안에서만 이루어지는 평가보다 평가에 참여하는 사람들이 많은 것이 좋습니다.
- 많은 사람들의 반응을 얻을수록 평가에 대한 신뢰도가 높아집니다.
- 심사자는 교사가 정하여 학생들이 자기 득점에 유리한 심사자를 고르지 못하도록 합니다.

✖ 결과물 전시하기

- 가장 많은 별을 모은 팀에게는 적절한 보상을 제공하여 즐거움을 얻도록 합니다.
- 시연과 발표로 끝나는 것이 아니라 일정 기간 동안 작품을 전시하여(학급밴드, 학예회 등) 자신들이 만든 작품에 대한 자부심을 충분히 느끼도록 합니다.

🤖 제품 만들기의 전 과정에서 자신의 활동이 어떠했는지 돌이켜 생각해 봅시다.

✖ 러닝로그

- 프로젝트 학습장(러닝로그)를 활용하여 자신의 학습 과정에 대한 성찰을 돕습니다.
- 학생들의 러닝로그를 교사의 관찰과 함께 평가 자료로 활용합니다.
- 참고자료: https://blog.naver.com/dulcinea012/222039623376

✖ 자기 상호 평가지

- 평가 준거별로 우리팀 동료평가(회색 칸)와 자기평가(흰색 칸)를 구분하여 기록합니다.
- 자신의 주관적 평가와 친구들의 객관적 평가를 비교해볼 수 있습니다.
- 평가 결과를 수량화하지 않고 앞으로의 활동 개선을 위한 자료로 활용하도록 합니다.

평가요소	평가 준거		
	상	중	하
프로그래밍 활동	순차와 조건 구조를 이해하여 문제 해결의 과정에 전략적으로 사용하였다.	모둠원의 협력과 선생님의 조언으로 문제해결을 위한 프로그래밍을 완수하였다.	문제해결 절차를 구안하는 데 어려움을 겪었고 프로그래밍을 완수하지 못하였다.
참여와 태도	프로젝트 전 과정에 적극적으로 참여하고 자신의 역할을 열심히 하였다.	프로젝트 과정에 빠짐 없이 참여하였으나 역할 수행에서 노력이 다소 부족했다.	프로젝트 활동에 소극적으로 참여하고 제 역할을 하지 못했다.
흥미와 관심	자신의 관심과 적성에 따라 능동적으로 주제와 활동을 선택하였다.	대체로 팀원의 권유와 의견에 따라 주제와 활동을 선택하였다.	나의 의지와 상관없는 선택이었고 활동에 주도적으로 임하지 못했다.
산출물 제작	모둠원과 협력하여 릴리패드를 활용한 창의적인 제품을 계획하고 완성하였다.	릴리패드를 활용하여 제품을 계획하였으나 완성도가 다소 미흡하다.	계획에서 완성까지 협력과 노력이 다소 부족하여 제품을 완성하지 못했다.
경청과 평가	다른 팀의 발표를 귀기울여 듣고 제품의 장단점을 분석할 수 있었다.	다른 팀의 발표를 들었으나 제품의 장단점을 분석할 수 없었다.	다른 팀의 발표를 제대로 듣지 못했고 장단점을 분석할 수 없었다.
새로운 아이디어	프로젝트 활동의 전과정에서 아이디어를 지속적으로 수정·보완하였다.	새로운 아이디어를 생성하기보다는 처음 계획에서 크게 벗어나지 않았다.	프로젝트 활동의 과정에서 특별한 아이디어를 생성할 수 없었다.
프로젝트 탐구를 통해 성장한 것			
학생들의 별점			
교사 총평			

9장

앱 인벤터

앱 인벤터(App Inventor for Android)는 구글이 제공하는 오픈 소스 웹 어플리케이션으로 매사추세츠 공과대학(MIT)에 의해 관리되고 있습니다. 스크래치나 엔트리처럼 드래그 앤 드롭 방식으로 블록을 조합하여 코딩하는 그래픽인터페이스를 제공하기 때문에 컴퓨터 프로그래밍에 대한 전문적 지식 없이도 누구나 앱을 개발하고 제작하는 경험을 가질 수 있지요. 컴퓨터 프로그래밍을 거의 처음 접하는 사람들도 안드로이드 운영체제용 앱을 만들 수 있습니다.

생각보다 많은 학생들이 아이폰을 사용하는데, 아이폰은 안드로이드 운영체제가 아니기 때문에 앱 인벤터로 만든 앱을 아이폰에 설치할 수 없습니다. 이 경우에 대비하여 학교에서는 안드로이드용 태블릿을 보유하는 것이 좋습니다. 앱 인벤터 수업을 위해서는 학생들이 자신의 구글 계정을 만들어 와야 합니다. 계정을 만들 때 만 14세 이하는 부모님의 동의 절차를 거치므로 각자 구글 계정을 만들고 잊어버리지 않도록 프로젝트 학습장에 아이디와 비번을 적어오게 합니다.

앱 인벤터는 편리한 앱 개발환경을 제공하지만 용량 제한이 있습니다. 이미지 파일은 확장자명이 .jpg인 파일을 사용해야 하고(대문자도 가능) 개당 1MB를 넘기지 않도록 하며, 음악 파일은 .mp3 파일로 개당 2MB, 동영상은 .mp4 파일로 개당 5MB를 넘지 않도록 해야 합니다. 전체 앱의 용량은 10MB를 넘길 수 없습니다. 용량을 초과하게 되면 빌드(핸드폰에 설치하는 것)가 되지 않기 때문에, 처음부터 꼭 필요한 콘텐츠로 용량을 적절히 줄여서 사용하는 것이 좋습니다. 저자는 '다음팟 인코더'로 동영상 용량을 줄여서 사용하였습니다. 사실 동영상은 5MB 이하로 만들기가 너무 어렵기 때문에 필요한 동영상이 있는 웹사이트로 연결하는 기능을 사용하는 것이 보다 현실적인 것 같습니다.

앱을 만들어보는 경험 자체도 의미가 있지만 앱 인벤터는 비트브릭이나 아두이노와도 연동해서 사용할 수 있기 때문에 유용합니다. 비트브릭이나 아두이노를 리모트 컨트롤 할 수 있는 앱을 만들어서 작동시킬 수 있는 것이죠. 아두이노는 이 과정이 조금 복잡하지만 비트브릭은 비교적 단순해서 프로그래밍과 메이커 교육을 좋아하는 학생들은 충분히 그 과정을 즐길 수 있습니다. 학생들과 소프트웨어 관련 활동을 하다보면 흥미와 열의에 따라 큰 차이를 보입니다. 3D프린터를 직접 사서 조립하여 사용하는 학생도 있고 자신의 코딩을 다양하게 응용해보는 학생들도 있는 반면 프로그래밍 자체를 부담스러워하는 학생들도 있습니다. 어떤 활동을 하더라도 성취기준을 중심으로 학생들의 요구와 특성에 맞게 활동을 구안하는 것이 중요하겠습니다.

[앱 인벤터 참고 자료]
• https://blog.naver.com/dulcinea012/222028448022
• https://blog.naver.com/dulcinea012-프로젝트 수업자료-7. 앱 인벤터

✪ 프로젝트 개요

프로젝트 주제	앱 인벤터를 이용하여 우리 도시(마을)를 소개하는 앱을 만들어보자.		
프로젝트 목표	학생들이 성장해온 지역의 지리적 환경, 역사적 발전, 문화적 특성 등에 대한 이해를 바탕으로 우리 지역 알리기 활동을 함으로써 지역에 대한 관심과 공동체 의식을 높일 뿐 아니라 지역의 문제를 함께 해결해 나갈 수 있는 민주시민의식을 기르도록 한다. 4학년의 지역화 교육과정에 소프트웨어적 요소를 더하여 우리지역을 소개하는 어플을 만들어 봄으로써 실생활의 문제를 기술적으로 해결하고 공동체의식과 협업 능력을 기르도록 한다.		
운영 시기	6학년	프로젝트 유형	디자인 챌린지
산출물 형태	우리 도시를 소개하는 앱 만들기		

✪ 교과 및 성취기준

교과	성취기준
창체	창의주제활동/SW동아리 활동 : 우리 도시(마을)를 소개하는 앱 만들기
실과	[6실04-09] 프로그래밍 도구를 사용하여 기초적인 프로그래밍 과정을 체험한다. [6실04-11] 문제를 해결하는 프로그램을 만드는 과정에서 순차, 선택, 반복 등의 구조를 이해한다.
성취기준 재구성	[활동 주제] 우리 도시(마을)를 안내하는 어플 만들기 [성취기준] 앱 인벤터를 활용하여 우리 도시를 방문한 분들에게 도시를 소개할 수 있는 어플을 만든다.
2015개정 핵심역량	자기관리, 정보처리, 창의적 사고, 심미적 감성, 의사소통, 공동체 역량
일반화 지식	기술의 발달은 인류의 생활 양식을 변화시킨다.

✪ 프로젝트 차시 계획

순서	활동 내용	시수
1	•[실과] 앱 인벤터 사용방법 알아보기 -구글 계정을 만들고, 자신의 구글 계정으로 앱 인벤터 사이트에 접속하기	1
2	•[실과] 앱 인벤터 화면 구성 살펴보기 -디자이너 화면 살펴보기 : 팔레트창, 뷰어창, 콤포넌트창, 속성창 보기 -블록 화면 살펴보기 : 제어, 논리, 수학, 텍스트, 리스트, 색상, 변수, 함수 블록	1
3	•[실과] 앱을 내 핸드폰에 설치하는 방법 알아보기 -화면을 터치하면 검정 동그라미가 그려지는 앱 만들기 -만든 앱을 내 핸드폰에 설치하기	1
4	•[창체] 스크린을 추가하기 -스크린을 추가하여 기능 영역을 확장하기	1
5	•[창체] 버튼, 레이블, 알림, 텍스트 상자 활용하기 -앱을 실행했을 때 알림창 띄우기	1
6	•[창체] 음성변화 요소 활용하기 -버튼을 누르면 내용을 음성으로 들려주는 앱 만들기	1
7	•[창체] 이미지 요소 활용하기 -버튼을 누르면 사진과 설명이 나타는 앱 만들기	1
8	•[창체] 소리 요소 활용하기 -소리를 재생하고 가속도 센서나 음성인식을 이용하여 제어하기	1
9	•[창체] 플레이어 요소 활용하기 -버튼/목록선택버튼을 활용하여 음악 재생기 만들기	1
10	•[창체] 비디오 플레이어 요소 활용하기 -버튼/목록선택버튼을 활용하여 동영상 재생기 만들기	1
11	•[창체] 카메라 요소를 활용하기 -카메라로 촬영한 이미지를 친구들과 공유하기	1
12	•[창체] 액티비티 스타터 요소 활용하기 -웹뷰어와 액티비티스타터를 활용하여 인터넷 검색하기	1
13	•[창체] 모둠별 주제를 정하고 계획 세우기	1
14	•[창체] ○○시를 소개하는 앱 만들기 -지역의 자연환경, 축제, 특산물, 맛집, 문화유산, 명소 등	2
15	•[실과] 내가 만든 앱을 주변 사람들에게 소개하고 감상평(별점) 얻기	1

〈프로젝트 수업 흐름〉

　본 수업은 지역축제가 시작되는 시기를 중심으로 창체와 실과 수업 시수를 활용하여 진행할 수 있습니다. 대주제는 지역축제를 관련지어 교사가 제시하되 소주제와 컨셉은 학생들이 토의하여 정하도록 합니다. 모둠별로 지역의 자연환경, 특산물, 축제, 문화유산, 맛집, 명소 등 다양한 내용 소개로 특색 있는 앱을 개발하도록 하였습니다. 수업에 앞서 <우리가 만드는 특별한 간식[4]>이라는 앱을 먼저 보여주면서 자신들의 작품에 대한 기대와 구상을 떠올려보도록 하였습니다. 차시 계획은 총 16차시에 걸쳐 있으나 차시별 내용이 간결하므로 실제 활동 시간은 부족하지 않습니다. 유튜브에 차시별 프로그래밍 방법을 업로드하여 거꾸로 학습법의 효과를 얻을 수도 있고, 학습앱을 사용하면 모둠별로 필요에 따라 학습 순서를 달리하면서 진행할 수 있습니다.

---

4)　블로그에 apk 파일 탑재 https://blog.naver.com/dulcinea012/222028448022

✪ 평가 계획

단계	수행 기준			
계획	• 우리 지역을 처음 방문한 사람들을 도울 수 있는 방법을 탐색할 수 있는가? • 우리 지역을 소개할 수 있는 어플을 구안하는가?			
	도달도		**피드백**	**재도전 결과**
	도달 ( )	미도달 ( )		
성장 과정	• 팀원과 원만한 관계를 유지하고 적극적으로 협력하여 어플 제작에 참여하는가? • 문제해결 과정에서 어려움을 겪은 부분에 대해 적절한 조언과 도움을 구하는가?			
	도달도		**피드백**	**재도전 결과**
	도달 ( )	미도달 ( )		
	도달 ( )	미도달 ( )		
최종 산출물	• 팀원과 함께 끝까지 노력하여 공동의 결과물을 완성하였는가? • 성숙한 토의 과정을 거쳐 결과물을 창의적으로 발전시킬 수 있었는가?			
	도달도		**피드백**	**재도전 결과**
	도달 ( )	미도달 ( )		
공유 및 성찰	• 자신과 친구들의 학습 과정에 대한 피드백을 생성하는가? • 프로젝트의 전 과정에서 자신의 생각을 발전시키거나 새로운 아이디어를 생성할 수 있는가?			
	도달도		**피드백**	**재도전 결과**
	도달 ( )	미도달 ( )		
평가방법	포트폴리오, 러닝로그를 활용한 지필평가, 상호관찰평가, 자기평가			

1 앱 인벤터 사용방법 알아보기

🤖 앱 인벤터 사용방법을 알아 봅시다.

⚔ 구글 크롬 설치하기

① 포털 사이트 검색창에 '크롬'을 입력하여 검색합니다.

② <chrom 다운로드>를 클릭하여 <동의 및 설치>를 클릭하고 설치해주세요.

⚔ 구글 크롬 설치하기

• 구글 초기 화면에서 <로그인>을 클릭합니다.

- <계정 만들기>를 클릭하여 자신의 정보를 입력하여 가입 절차를 진행합니다.
- 학생들의 계정을 만들 때 만 14세 이하의 경우 부모의 연락처와 연동하여 확인 절차를 거치므로 시간이 많이 소요됩니다.
- 가정에서 부모님과 함께 계정을 생성하고 아이디와 비번을 기록해오도록 하는 것이 좋습니다.

- <다음 단계>를 클릭하면 계정이 생성됩니다.

✖ 자신의 구글 계정으로 앱 인벤터 사용하기

• 자신의 계정으로 <로그인> 합니다.

• 검색창에 <앱 인벤터>를 입력하면 앱 인벤터 개발 사이트가 나타납니다.

• 검색창에 <앱 인벤터>를 입력하면 앱 인벤터 개발 사이트가 나타납니다.

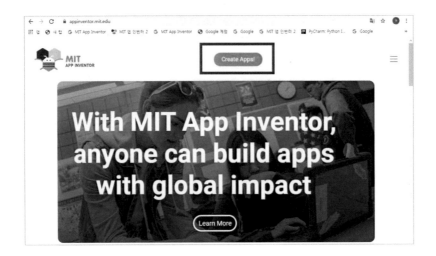

✖ 구글 계정 아이디와 비번 기록하기

• 학습지를 활용하여 자신의 구글 계정과 아이디를 기록하여 잊어버리지 않도록
합니다.

2 앱 인벤터의 화면 구성 살펴보기

앱 인벤터의 앱 개발 화면의 구성을 알아 봅시다.

✖ 앱 인벤터 사용하기

- •<새 프로젝트 시작하기>를 클릭하고 프로젝트 이름을 영문으로 입력한 후 <확인>을 클릭합니다.
- •앱 인벤터 개발 화면 구성을 살펴봅니다.
- •<디자이너> 탭을 클릭하여 화면 구성을 살펴 봅시다.

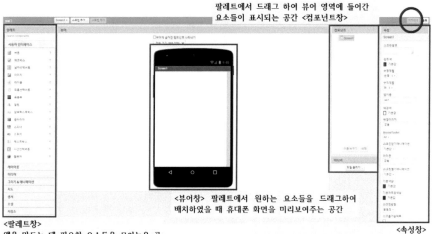

팔레트에서 드래그 하여 뷰어 영역에 들어간 요소들이 표시되는 공간 <컴포넌트창>

<뷰어창> 팔레트에서 원하는 요소들을 드래그하여 배치하였을 때 휴대폰 화면을 미리보여주는 공간

<팔레트창>
앱을 만드는 데 필요한 요소들을 모아놓은 곳

<속성창>
뷰어에서 선택한 컴포넌트들의 속성을 편집하는 곳

- •<블록> 탭을 클릭하여 화면 구성을 살펴 봅시다.

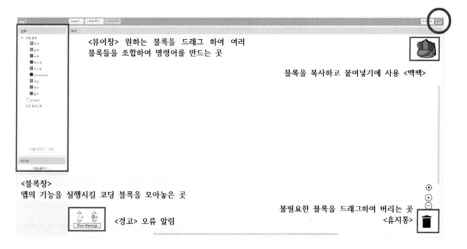

<뷰어창> 원하는 블록을 드래그 하여 여러 블록들을 조합하여 명령어를 만드는 곳

블록을 복사하고 붙여넣기에 사용 <백팩>

<블록창>
앱의 기능을 실행시킬 코딩 블록을 모아놓은 곳

불필요한 블록을 드래그하여 버리는 곳
<휴지통>

<경고> 오류 알림

앱 인벤터의 앱 개발 화면의 구성을 알아 봅시다.

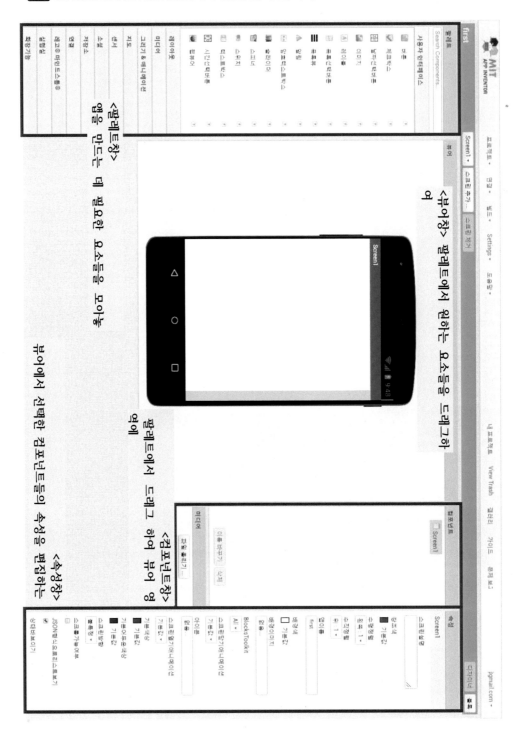

<**팔레트창**>
앱을 만드는 데 필요한 요소들을 모아놓음

<**뷰어창**>
팔레트에서 원하는 요소들을 드래그하여

<**컴포넌트창**>
팔레트에서 드래그 하여 뷰어 영역에

<**속성창**>
뷰어에서 선택한 컴포넌트들의 속성을 편집하는

앱 인벤터의 앱 개발 화면의 구성을 알아 봅시다.

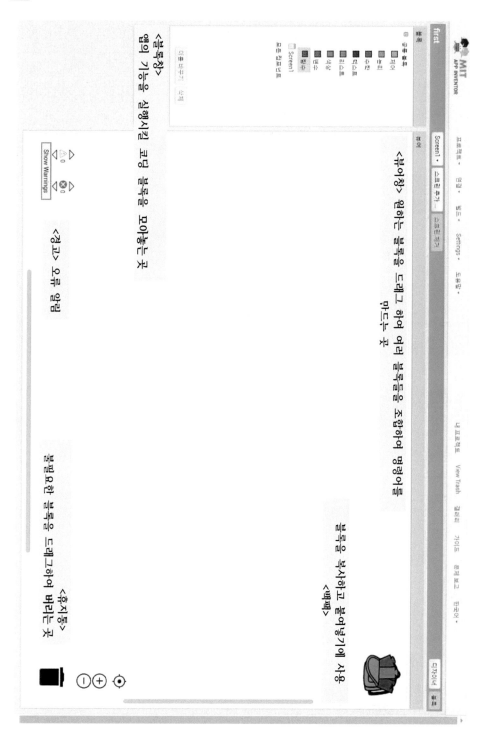

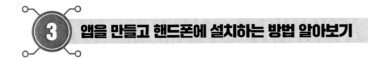

버튼을 활용하여 간단한 앱을 만들고 내 핸드폰에 설치해 봅시다.

✖ 디자이너 화면에서 디자인 작업하기

• 팔레트창의 <그리기 & 애니메이션>에서 <캔버스>를 선택하여 뷰어창으로 드래그합니다.

• 팔레트창의 <사용자인터페이스>에서 <버튼>을 선택하여 뷰어창으로 드래그합니다.

• 컴포넌트창에서 <캔버스>를 선택하고 속성창에서 캔버스의 속성을 편집합니다.

• 캔버스의 높이와 너비를 <부모 요소에 맞추기> 선택하고 확인합니다.

• 컴포넌트창에서 <버튼>을 선택하고 속성창에서 버튼의 속성을 편집합니다.

• 버튼의 텍스트 값을 지운 다음 "지우기"로 변경합니다.

✖ 블록 화면에서 컴포넌트에 프로그래밍하기

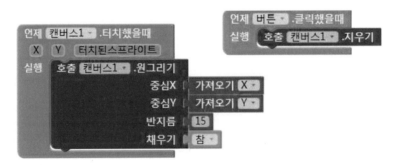

• 블록창에서 <캔버스>를 선택한 후 <캔버스를 터치했을 때> <원 그리기>를 코딩한다.

• 각 항목에 <변수> <수학> <논리> 블록을 끼우고 조건을 입력합니다.

• 블록창에서 <버튼>을 선택한 후 <버튼을 클릭했을 때>의 제어 조건을 <캔버스>를 선택한 후 <캔버스 지우기>를 코딩합니다.

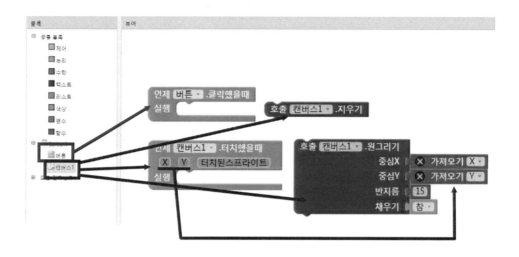

▼ 만든 앱을 핸드폰에 설치하여 실행해보기(1)

- <빌드>메뉴 클릭 후 <앱(APK를 QR코드로 제공)>을 클릭하면 설치를 위한 QR코드가 나타납니다.

- QR코드를 QR코드 리더 앱 혹은 "AI2 컴패니언" 앱으로 찍어서 휴대폰에 설치합니다.

- 설치가 간단하지만 WiFi 환경에서 설치 가능한 방법입니다.

- QR코드는 2시간 동안 사용가능합니다.

- 앱을 수정하고 싶다면 코딩을 수정한 후 QR코드를 다시 생성해야 합니다.

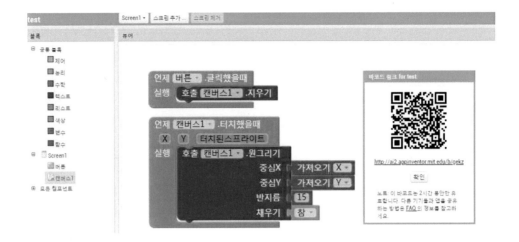

☒ 만든 앱을 핸드폰에 설치하여 실행해보기(2)

- <빌드> 클릭 후 <앱(APK를 내 컴퓨터에 저장하기)>을 클릭하면 설치를 위한 apk파일이 내 컴퓨터에 저장됩니다. 내 컴퓨터와 핸드폰을 USB 단자로 연결하여 저장된 apk파일을 핸드폰으로 옮깁니다.
- WiFi가 되지 않을 때 가능한 방법입니다.

★주의사항!

- 아이폰/아이패드는 운영체제가 다르기 때문에 앱 인벤터로 만든 앱을 핸드폰에 설치할 수 없습니다.
- 안드로이드 폰이라고 하더라도 간혹 설치가 잘 안 되는 핸드폰도 있었습니다.
- 설치 전 <설정>에 들어가서 <출처를 알 수 없는 앱 설치 허용>을 해두셔야 합니다.
- 다운로드 권한 허용, '출처를 알 수 없는 앱' 혹은 '알 수 없는 개발자의 앱' 설치를 허용합니다.
- 첫 빌드 과정이 까다롭게 느껴질 수 있으나 이 차시에서 앱 만들기에 성공하면 걱정 없습니다.

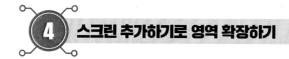

4 스크린 추가하기로 영역 확장하기

스크린 추가하기로 앱의 기능을 확장시켜 봅시다.

✖ Screen1에 홈 화면 만ⓔ들기

•팔레트창의 <사용자인터페이스>에서 <레이블>을 선택하여 뷰어창으로 드
래그합니다.

•컴포넌트창에서 <레이블>을 선택하고 속성창에서 레이블의 속성을 선택합니다.
  ⓔ 속성창에서 높이<10%>, 너비<부모요소에 맞추기>로 하고 텍스트에 제
    목을 입력합니다.

•팔레트창의 <레이아웃>에서 <표형식배치>를 선택하여 뷰어창으로 드래그
합니다.

•컴포넌트창에서 <표형식배치>를 선택하고 속성창에서 표형식배치의 속성을
선택합니다.
  ⓔ 속성창에서 열 개수 2, 행 개수 10, 높이 너비 <부모요소에 맞추기>로 합니다.

•팔레트창의 <사용자인터페이스>에서 <레이블> 10개와 <버튼> 10개를 표
형식배치 속으로 드래그합니다. 레이블과 버튼은 각각 <부모요소에 맞추기>
로 선택합니다.

- 블록창에서 각 <버튼>을 선택한 후 <버튼을 클릭했을 때>의 제어 조건을 선택하고 <다른 스크린 열기>에서 스크린이름을 순서대로 지정합니다.

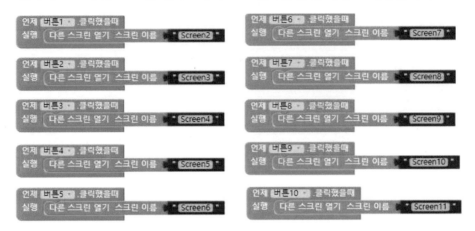

✖ 각 스크린에서 홈 화면을 연결하는 버튼 추가하기

- 스크린별로 각각 버튼을 하나씩 추가합니다.
- 팔레트창의 <사용자인터페이스>에서 <버튼> 1개를 선택하여 뷰어창으로 드래그합니다.
- 컴포넌트창에서 추가한 <버튼>를 선택하고 속성창에서 속성을 선택합니다.
  ㉮ 높이, 너비 <자동>으로 하고 버튼의 텍스트를 "Home"으로 입력하여 버튼 명을 표시합니다.

- 블록창에서 추가한 <버튼>을 선택한 후 <버튼을 클릭했을 때>의 제어 조건을 선택하고 <스크린>을 선택하여 <다른 스크린 열기>에 스크린 이름을 지정합니다.

★용량 제한!

스크린이 많아지면서 자연스럽게 앱의 용량도 늘어나게 됩니다. 앱 인벤터로 만들 수 있는 앱은 전체 용량이 10MB를 넘을 수 없습니다. 용량을 초과하게 되면 빌드가 되지 않습니다. 따라서 처음부터 필요한 콘텐츠의 용량을 적절히 줄여서 사용하는 것이 좋습니다. 필자는 '다음팟 인코더'를 활용하여 동영상을 자르거나 인코딩하여 용량을 줄여 사용하였습니다. 이미지, 음악 파일은 개당 2MB를 넘기지 않도록 하고 동영상 파일은 5MB를 넘기지 않도록 합니다. 전체 앱의 용량은 10MB를 넘길 수 없습니다.

앱인벤터 프로젝트 ❶

[앱 인벤터 프로젝트 자료]
https://blog.naver.com/dulcinea012/222028448022

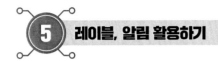

5 레이블, 알림 활용하기

레이블과 알림 요소를 활용하여 알림창을 만들어 봅시다.

✖ Screen2의 디자이너 화면에서 디자인 작업하기

• 팔레트창의 <사용자인터페이스>에서 <레이블>을 선택하여 뷰어창으로 드래그합니다.
• 팔레트창의 <사용자인터페이스>에서 <알림>을 선택하여 뷰어창으로 드래그합니다.
• 컴포넌트창에서 <레이블>을 선택하고 속성창에서 레이블의 속성을 편집합니다.
• 레이블의 높이<10%>와 너비를 <부모 요소에 맞추기> 선택하고 확인합니다.
• 배경색과 글꼴, 글씨체를 선택합니다.
• 레이블 텍스트에 <푸른 도시 ○○> 등의 로고 문구를 씁니다.
• 컴포넌트창에서 <알림>을 선택하고 속성창에서 알림의 속성을 편집합니다.
• 알림 표시 시간, 텍스트 색상, 배경색을 정합니다.

✖ 블록 화면에서 컴포넌트에 프로그래밍하기

• 블록창에서 <스크린>을 선택한 후 <스크린이 초기화되었을 때>의 제어 조건을 선택하고 <알림>을 선택한 후 <알림 메시지창 보이기>를 코딩합니다.
• <메시지>, <제목>, <버튼 텍스트> 항목에 텍스트 블록을 끼우고 텍스트를 입력합니다.

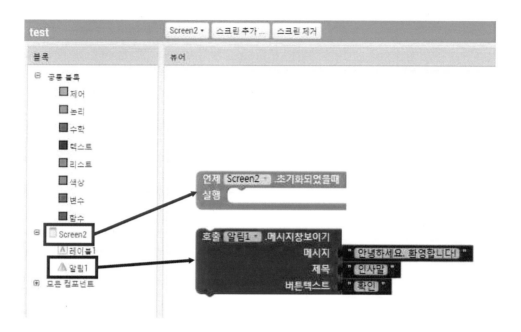

6 음성변환 요소 활용하기

음성변환 요소를 활용하여 텍스트를 음성으로 읽어주는 앱을 만들어 봅시다.

※ Screen3의 디자이너 화면에서 디자인 작업하기

- 팔레트창의 <레이아웃>에서 <수평배치>를 선택하여 뷰어창으로 드래그합니다.
- 컴포넌트창에서 <수평배치>를 선택하여 속성을 편집합니다.
- 높이 <10%>와 너비 <부모 요소에 맞추기> 선택하고 확인합니다.
- 팔레트창의 <사용자인터페이스>에서 <버튼> 3개를 순서대로 <수평배치> 안으로 드래그합니다.
- 컴포넌트창에서 <버튼>을 선택하고 속성창에서 버튼의 속성을 편집합니다.
- 버튼의 높이<부모 요소에 맞추기>와 너비를 <자동> 선택하고 확인합니다.
- 팔레트창의 <미디어>에서 <음성변환>을 선택하여 뷰어창으로 드래그합니다.

※ 블록 화면에서 컴포넌트에 프로그래밍하기

- 블록창에서 <버튼1>을 선택한 후 <버튼을 클릭했을 때>의 제어 조건을 선택하고 <음성변환>을 선택한 후 <음성변환 말하기>를 코딩합니다.
- 음성변환 말하기 메세지창에 텍스트 블록을 끼우고 원하는 텍스트를 입력합니다.

```
언제 버튼1 .클릭했을때
실행   호출 음성변환1 .말하기
              메시지  " 1번을 선택하셨습니다. "
```

```
언제 버튼2 .클릭했을때
실행   호출 음성변환1 .말하기
              메시지  " 2번을 선택하셨습니다. "
```

```
언제 버튼3 .클릭했을때
실행   호출 음성변환1 .말하기
              메시지  " 3번을 선택하셨습니다. "
```

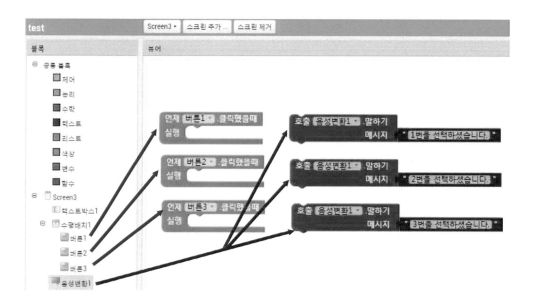

7 이미지 요소 활용하기

이미지 요소를 활용하여 사진과 설명이 나타나는 앱을 만들어 봅시다.

✖ Screen4의 디자이너 화면에서 디자인 작업하기

- 팔레트창의 <레이아웃>에서 <표형식배치>를 선택하여 뷰어창으로 드래그 합니다.
- 컴포넌트창에서 <표형식배치>를 선택하여 속성을 편집합니다.
- 열과 행의 개수를 정하고 높이 <20%>와 너비 <부모 요소에 맞추기> 선택 하고 확인합니다.
  - 팔레트창의 <사용자인터페이스>에서 <버튼> 4개를 순서대로 <표형식배 치>안으로 드래그합니다.
  - 컴포넌트창에서 <버튼>을 선택하고 속성창에서 버튼의 속성을 편집합니다.
- 버튼의 높이<부모 요소에 맞추기>와 너비를 <50%> 선택하고 확인합니다.
  - 팔레트창의 <사용자인터페이스>에서 <버튼> 1개를 선택하여 뷰어창으 로 드래그합니다.
- 버튼의 높이와 너비를 <자동>, 모양을 <타원>으로 선택하고 확인합니다.
  - 팔레트창의 <사용자인터페이스>에서 <레이블> 1개를 선택하여 뷰어창 으로 드래그합니다.
- 레이블의 높이를<10%> 너비를 <부모에게 맞추기>로 선택하고 확인합니다.
- 레이블의 텍스트를 지우고 <보이기 여부>는 체크 해제합니다.
  - 팔레트창의 <사용자인터페이스>에서 <이미지>를 선택하여 뷰어창으로 드래그합니다.
  - 컴포넌트창에서 <이미지>을 선택하고 속성창에서 이미지의 속성을 편집합니다.
- 이미지의 높이와 너비를 <부모 요소에 맞추기>로 선택하고 확인합니다.
- 이미지의 속성창에서 <사진>을 클릭하여 <파일올리기>로 사진파일을 업로

드합니다.

- 사진의 파일명은 각각 1.jpg, 2.jpg, 3.jpg, 4.jpg 로 간단하게 바꾸어 사용합니다.
- 확장자명이 .jpg인 이미지 파일을 사용하도록 하고 1MB를 넘지 않도록 합니다.
- 이미지의 속성창에서 <보이기 여부>는 체크 해제합니다.

✖ 블록 화면에서 컴포넌트에 프로그래밍하기

- 블록창에서 <버튼1>~<버튼4>을 선택한 후 <버튼을 클릭했을 때>의 제어 조건을 선택합니다.
- 블록창에서 각각 <이미지>와 <레이블>을 선택한 후 <보이기 여부> 값을 참으로 지정합니다.
- 블록창에서 이미지의 <사진>값을 각각 "1.jpg" "2.jpg" "3.jpg" "4.jpg"로 지정합니다.
- 블록창에서 레이블의 <텍스트>값은 각각 "○번 사진 설명"으로 입력합니다.
- 블록창에서 <버튼5>을 선택한 후 <버튼을 클릭했을 때>의 제어 조건을 선택하고 <이미지>와 <레이블>을 선택한 후 <보이기 여부>를 모두 거짓으로 지정합니다.

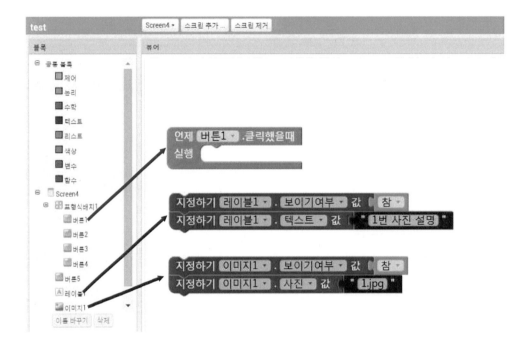

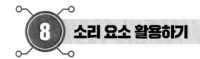

8 소리 요소 활용하기

소리를 재생하고 가속도센서나 음성인식으로 제어해 봅시다.

✖ Screen5의 디자이너 화면에서 디자인 작업하기

- 팔레트창의 <사용자인터페이스>에서 <버튼> 1개를 선택하여 뷰어창으로 드래그합니다.
- 컴포넌트창에서 <버튼>를 선택하고 속성창에서 버튼의 높이와 너비, 모양을 속성을 편집합니다.
- 팔레트창의 <미디어>에서 <소리>를 선택하여 뷰어창으로 드래그합니다.
- 컴포넌트창에서 <소리>를 선택하고 속성창에서 <소스>를 클릭하여 음악 파일을 올립니다.
- 팔레트창의 <센서>에서 <가속도센서>를 선택하여 뷰어창으로 드래그합니다.
- 팔레트창의 <미디어>에서 <음성인식>를 선택하여 뷰어창으로 드래그합니다.

✖ 블록 화면에서 각 컴포넌트에 프로그래밍하기

- 블록창에서 <버튼>을 선택한 후 <버튼을 클릭했을 때>의 제어 조건을 선택하고 <소리>를 선택한 후 <소리재생하기>를 코딩합니다.
- 블록창에서 <가속도센서>를 선택한 후 <가속도센서 흔들렸을 때>의 제어 조건을 선택하고 <소리>를 선택한 후 <소리정지>를 코딩합니다.
- 블록창에서 <음성 인식>를 선택한 후 <음성인식을 가져온 후> <결과 값이 "정지"라면>의 제어 조건을 선택하고 <소리>를 선택한 후 <소리정지>를 코딩합니다.

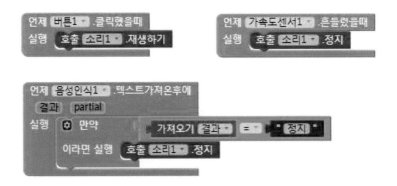

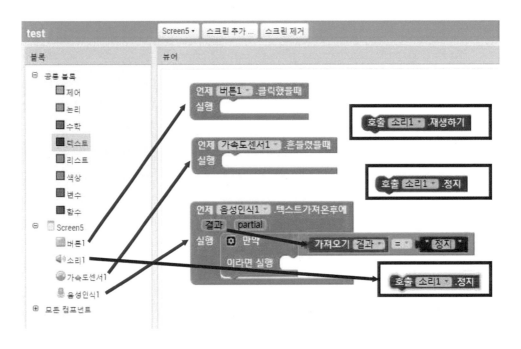

9 소리 요소 활용하기

🤖 플레이어 요소를 활용하여 음악재생기를 만들어 봅시다.

✖ Screen6의 디자이너 화면에서 디자인 작업하기

- 팔레트창의 <사용자인터페이스>에서 <레이블> 1개를 선택하여 뷰어창으로 드래그합니다.
- 컴포넌트창에서 <레이블>를 선택하고 속성창에서 레이블 속성을 편집합니다.
  - 예 속성창에서 레이블 <텍스트>에 "음악재생기" 라고 제목을 입력합니다.
- 팔레트창의 <사용자인터페이스>에서 <이미지> 를 선택하여 뷰어창으로 드래그합니다.
- 컴포넌트창에서 <이미지>를 선택하고 속성창에서 이미지 속성을 편집합니다.
  - 예 속성창에서 높이 <50%>, 너비 <부모요소에 맞추기>를 선택합니다.
  - 예 속성창에서 <사진>을 클릭하여 음악파일과 어울릴만한 이미지 파일을 올립니다.
- 팔레트창의 <레이아웃>에서 <수평배치> 를 선택하여 뷰어창으로 드래그합니다.
- 컴포넌트창에서 <수평배치>를 선택하고 속성창에서 수평배치의 속성을 편집합니다.
  - 예 속성창에서 높이 <10%>, 너비 <부모요소에 맞추기>를 선택합니다.
- 팔레트창의 <사용자인터페이스>에서 <버튼> 3개를 선택하여 수평배치 속으로 드래그합니다.
- 컴포넌트창에서 각 <버튼>을 선택하고 속성창에서 버튼 속성을 편집합니다.
  - 예 속성창에서 높이와 너비 <부모요소에 맞추기>를 선택합니다.
  - 예 각 버튼의 텍스트를 "재생" "일시정지" "중지" 라고 입력하여 버튼명을 표시합니다.
- 팔레트창의 <미디어>에서 <플레이어>를 선택하여 뷰어창으로 드래그합니다.

- 컴포넌트창에서 ＜플레이어＞를 선택하고 속성창에서 ＜소스＞를 클릭하여 음악파일을 올립니다.
- 확장자명이 .mp3인 음원 파일을 사용하도록 하고 2MB를 넘지 않도록 합니다.

✖ 블록 화면에서 각 컴포넌트에 프로그래밍하기

- 블록창에서 ＜버튼1＞을 선택한 후 ＜버튼을 클릭했을 때＞의 제어 조건을 선택하고 ＜레이블＞을 선택한 뒤 레이블 ＜텍스트＞을, ＜플레이어＞를 선택한 후 텍스트값을 ＜플레이어 소스＞로 정한다. 그리고 ＜플레이어 시작하기＞를 코딩합니다.
- 블록창에서 ＜버튼2＞을 선택한 후 ＜버튼을 클릭했을 때＞의 제어 조건을 선택하고 ＜플레이어＞를 선택한 후 ＜플레이어 일시정지하기＞를 코딩합니다.
- 블록창에서 ＜버튼3＞을 선택한 후 ＜버튼을 클릭했을 때＞의 제어 조건을 선택하고 ＜플레이어＞를 선택한 후 ＜플레이어 정지＞를 코딩합니다.

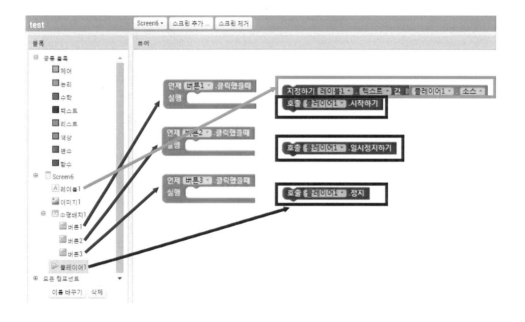

앱인벤터 프로젝트 🔗

[앱 인벤터 프로젝트 자료]
https://blog.naver.com/dulcinea012/222028448022

10 비디오플레이어 요소 활용하기

비디오플레이어 요소를 활용하여 동영상 재생기를 만들어 봅시다.

✖ Screen7의 디자이너 화면에서 디자인 작업하기

- 팔레트창의 <사용자인터페이스>에서 <목록선택버튼> 1개를 선택하여 뷰어창으로 드래그합니다.
- 컴포넌트창에서 <목록선택버튼>를 선택하고 속성창에서 속성을 편집합니다.
  - ㉠ 속성창에서 목록선택버튼 <텍스트>에 "영상보기"라고 버튼제목을 입력합니다.
  - ㉠ 속성창에서 목록선택버튼 <요소문자열>에 "작품1, 작품2, 작품3"이 라고 입력합니다.
- 팔레트창의 <미디어>에서 <비디오 플레이어>를 선택하여 뷰어창으로 드래그합니다.
- 컴포넌트창에서 <비디오 플레이어>를 선택하고 속성창에서 <소스>를 클릭합니다. 목록선택 요소의 개수와 맞게 동영상 파일을 올립니다.
  - ㉠ 목록선택버튼 <요소문자열>에 "작품1, 작품2, 작품3"이 라고 3개를 입력하였다면 비디오 플레이어 소스에 동영상 3개를 올립니다. 이때 동영상 파일명은 "1.mp4", "2.mp4", "3.mp4"로 단순하게 합니다. 확장자명이 .mp4 인 동영상 파일을 사용하도록 하고 3MB를 넘지 않도록 합니다.
- 팔레트창의 <사용자인터페이스>에서 <버튼>을 선택하여 뷰어창으로 드래그합니다.
- 컴포넌트창에서 <버튼>을 선택하고 속성창에서 버튼 속성을 편집합니다.
  - ㉠ 속성창에서 높이 <10%>와 너비 <30%>, 모양 <타원>를 선택합니다.
  - ㉠ 속성창에서 버튼의 <텍스트>를 "그만보기"로 입력하고 <텍스트정렬>을 가운데로 합니다.

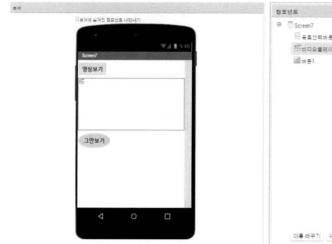

✄ 블록 화면에서 각 컴포넌트에 프로그래밍하기

- 블록창에서 <목록선택버튼>을 선택한 후 <목록선택버튼을 클릭했을 때>의 제어 조건을 선택하고, <목록선택버튼 요소>가 <작품1>과 같을 때, <작품 2>와 같을 때, <작품3>과 같을 때의 조건을 정합니다.

- 블록창에서 <비디오플레이어>을 선택한 후 각각의 조건에 <비디오플레이어 소스> 값을 "mp4.1" "mp4.2" "mp4.3" 동영상 파일명으로 지정하고 <비디오플레이어 시작하기>를 코딩합니다.

- 블록창에서 <버튼>을 선택한 후 <버튼을 클릭했을 때>의 제어 조건을 선택하고 <비디오플레이어>을 선택한 후 <비디오플레이어 정지>를 코딩합니다.

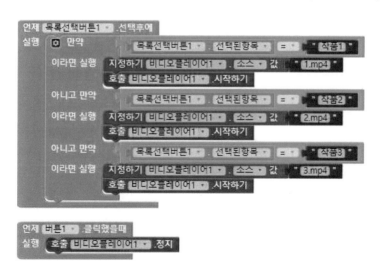

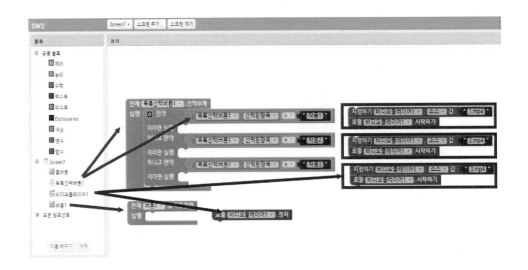

카메라와 공유 요소 활용하기

카메라와 공유 요소를 활용하여 사진 공유하기 앱을 만들어 봅시다.

✄ Screen8의 디자이너 화면에서 디자인 작업하기

- 팔레트창의 <사용자인터페이스>에서 <이미지>를 선택하여 뷰어창으로 드래그합니다.
- 컴포넌트창에서 <이미지>를 선택하고 속성창에서 속성을 편집합니다.
  - ㉠ 속성창에서 높이<60%>, 너비 <부모요소에 맞추기>로 선택합니다.
- 팔레트창의 <레이아웃>에서 <수평배치>를 선택하여 뷰어창으로 드래그합니다.
- 컴포넌트창에서 <수평배치>를 선택하고 속성창에서 수평배치의 속성을 편집합니다.
  - ㉠ 속성창에서 높이 <10%>, 너비 <부모요소에 맞추기>, <가운데 정렬>을 선택합니다.
- 팔레트창의 <미디어>에서 <이미지선택버튼>를 선택하여 수평배치 속으로 드래그합니다.
- 컴포넌트창에서 각 <이미지선택버튼>을 선택하고 속성창에서 속성을 편집합니다.
  - ㉠ 속성창에서 높이<부모요소에 맞추기>와 너비<30%>를 선택합니다.
  - ㉠ 이미지선택버튼의 텍스트를 "사진선택"으로 입력하여 버튼명을 표시합니다.
- 팔레트창의 <사용자인터페이스>에서 <버튼> 2개를 선택하여 수평배치 속으로 드래그합니다.
- 컴포넌트창에서 <버튼>을 선택하고 속성창에서 버튼 속성을 편집합니다.
  - ㉠ 속성창에서 높이<부모요소에 맞추기>와 너비<30%>를 선택합니다.
  - ㉠ 버튼의 텍스트를 "공유하기" "사진찍기"로 입력하여 버튼명을 표시합니다.
- 팔레트창의 <미디어>에서 <카메라>를 선택하여 수평배치 속으로 드래그합니다.

• 팔레트창의 ＜소셜＞에서 ＜공유＞를 선택하여 수평배치 속으로 드래그합니다.

✖ 블록 화면에서 각 컴포넌트에 프로그래밍하기

• 블록창에서 ＜이미지선택버튼＞을 선택한 후 ＜이미지선택버튼 선택후에＞의 제어 조건을 선택하고 ＜이미지＞를 선택하여 ＜이미지사진＞값을 ＜이미지선택버튼＞의 ＜선택된항목＞으로 지정합니다.

• 블록창에서 ＜버튼1＞을 선택한 후 ＜버튼을 클릭했을 때＞의 제어 조건을 선택하고 ＜카메라＞를 선택한 후 ＜카메라 사진 찍기＞를 코딩합니다.

• 블록창에서 ＜카메라＞를 선택한 후 ＜카메라 사진찍은 후에＞의 제어 조건을 선택하고 ＜이미지＞를 선택하여 ＜이미지사진＞값을 카메라에서 ＜가져오기＞로 지정합니다.

• 블록창에서 ＜버튼2＞을 선택한 후 ＜버튼을 클릭했을 때＞의 제어 조건을 선택하고 ＜공유＞를 선택하고 ＜파일공유하기＞의 파일을 ＜이미지선택버튼＞의 ＜선택된항목＞으로 지정합니다.

언제 이미지선택버튼1 ▼ .선택후에
실행 지정하기 이미지1 ▼ . 사진 ▼ 값 이미지선택버튼1 ▼ . 선택된항목 ▼

언제 버튼1 ▼ .클릭했을때
실행 호출 카메라1 ▼ .사진찍기

언제 카메라1 ▼ .사진찍은후에
  이미지
실행 지정하기 이미지1 ▼ . 사진 ▼ 값 가져오기 이미지 ▼
    호출 공유1 ▼ .파일공유하기
            파일 가져오기 이미지 ▼

언제 버튼2 ▼ .클릭했을때
실행 호출 공유1 ▼ .파일공유하기
            파일 이미지선택버튼1 ▼ . 선택된항목 ▼

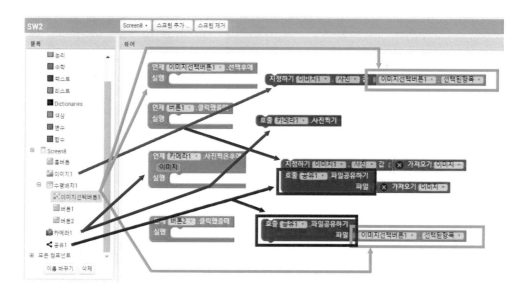

웹뷰어와 액티비티스타터를 활용하여 봅시다.

✖ Screen9의 디자이너 화면에서 디자인 작업하기

- 팔레트창의 <레이아웃>에서 <수평배치> 를 선택하여 뷰어창으로 드래그합니다.
- 컴포넌트창에서 <수평배치>를 선택하고 속성창에서 수평배치의 속성을 편집합니다.
  - ㉙ 속성창에서 높이 <10%>, 너비 <부모요소에 맞추기>, <가운데 정렬>을 선택합니다.
- 팔레트창의 <사용자인터페이스>에서 <레이블> 을 선택하여 수평배치 속으로 드래그합니다.
- 컴포넌트창에서 <레이블>를 선택하고 속성창에서 속성을 편집합니다.
  - ㉙ 속성창에서 높이<부모요소에 맞추기>, 너비 <자동>으로 선택합니다.
- 팔레트창의 <사용자인터페이스>에서 <버튼> 2개를 선택하여 수평배치 속으로 드래그합니다.
- 컴포넌트창에서 <버튼>을 선택하고 속성창에서 버튼 속성을 편집합니다.
  - ㉙ 속성창에서 높이<부모요소에 맞추기>와 너비<자동>, 모양<타원> 을 선택합니다.
  - ㉙ 버튼의 텍스트를 "지도 검색하기" "GO"를 각각 입력하여 버튼명을 표시합니다.
- 팔레트창의 <사용자인터페이스>에서 <웹뷰어>를 선택하여 뷰어창으로 드래그합니다.
- 컴포넌트창에서 각 <웹뷰어>을 선택하고 속성창에서 속성을 편집합니다.
  - ㉙ 속성창에서 높이, 너비를 <부모요소에 맞추기>로 정합니다.

- 팔레트창의 <연결>에서 <액티비티스타터>를 선택하여 뷰어창으로 드래그
  합니다.

⚓ 블록 화면에서 각 컴포넌트에 프로그래밍하기

- 블록창에서 <버튼1>을 선택한 후 <버튼을 클릭했을 때>의 제어 조건을 선
  택하고 <웹뷰어>를 선택하여 <URL로 이동하기>에 네이버 지도 주소를 지
  정합니다.
- 블록창에서 <버튼2>을 선택한 후 <버튼을 클릭했을 때>의 제어 조건을 선
  택하고 <액티비티스타터>를 선택하여 <액티비티스타터 시작하기>를 코딩
  합니다. <액티비티스타터>를 선택하여 <동작값>을 "android.intent.action.
  VIEW" 데이터URL>값에 네이버 주소를 지정합니다.
- 블록창에서 <액티비티스타터>를 선택한 후 <액티비티스타터 후에>의 제어
  조건을 선택하고 <웹뷰어>를 선택하여 <URL로 이동하기>에 결과값을 지
  정합니다.

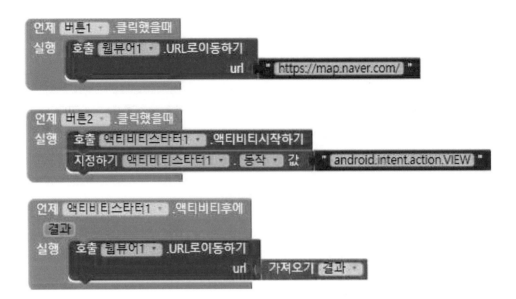

앱인벤터 프로젝트 ❷

[앱 인벤터 프로젝트 자료]
https://blog.naver.com/dulcinea012/222028448022

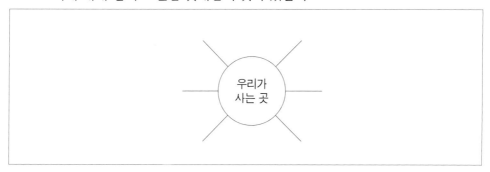

13 프로젝트 계획 세우기

주제에 맞는 앱 개발을 계획하고 발표해 봅시다.

✖ 도전 주제 찾기

• ○○시에 대해 알리고 싶은 것에는 무엇이 있을까요?

우리가
사는 곳

✖ 요구사항 분석

• 사람들이 ○○시에 대해 궁금해 하는 것들은 무엇이 있을까요?

✖ 도전 주제 정의

• ○○시의 어떤 점에 대해 알리는 앱을 만들까요?

✖ 관련자료 조사

• 앱 만들기에 필요한 자료를 생각하여 정리해 봅시다.

✖ 역할 분담

• 모둠원의 역할을 분담하고 앱을 완성하기까지 각자의 역할에 최선을 다해 봅시다.

✖ 계획 발표하기

• 우리가 만들 앱에 대해 발표해 봅시다.

🤖 앱 개발 계획서

앱 이름				팀 이름		
모둠원 역할	이름					
	역할					
앱의 목적						
앱의 기능						
홈 화면 (screen1)						

screen2	screen3	screen4	screen5
스크린 제목			
스크린 디자인이나 기능 설명			

screen6	screen7	screen8	screen9

제작 순서와 계획			
날 짜	완성한 내용	잘된 점	보완할 점

제작 발표 결과			
심사자	잘된점	아쉬운점	별점 주기
			☆☆☆☆☆
			☆☆☆☆☆
			☆☆☆☆☆
			☆☆☆☆☆
			☆☆☆☆☆

앱의 구조를 생각하며 스크린을 완성해 봅시다.

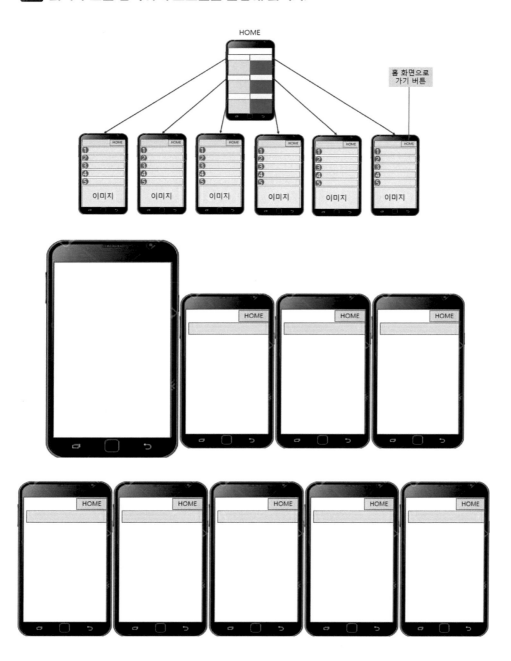

15 만든 앱을 공유하고 감상평 받기

다른 팀들의 발표를 듣고 의견을 나누어 봅시다.

✖ 감상평 마주하기

• 우리가 만든 앱을 발표한 후 5명의 심사평을 모아 봅시다.

심사자 이름	잘된점	아쉬운점	별점
			☆☆☆☆☆
			☆☆☆☆☆
			☆☆☆☆☆
			☆☆☆☆☆
			☆☆☆☆☆

✖ 프로그램 개선

• 우리가 만든 프로그램에서 개선할 점이 있다면 무엇이 있을까요?

✖ 느낌과 도전

• 앱 제작 과정을 돌아보며 프로젝트에서 느낀 점과 앞으로의 도전 계획을 적어 봅시다.

🤖 어플 만들기 활동의 전 과정과 결과를 돌이켜보고 평가해 봅시다.

✖ 러닝로그

- 프로젝트 학습장(러닝로그)를 활용하여 자신의 학습 과정에 대한 성찰을 돕습니다.
- 학생들의 러닝로그를 교사의 관찰과 함께 평가 자료로 활용합니다.
- 참고자료 : https://blog.naver.com/dulcinea012/222039623376

✖ 자기 상호 평가지

- 평가 준거별로 우리팀 동료평가(회색 칸)와 자기평가(흰색 칸)를 구분하여 기록합니다.
- 자신의 주관적 평가와 친구들의 객관적 평가를 비교해볼 수 있습니다.
- 평가 결과를 수량화하지 않고 앞으로의 활동 개선을 위한 자료로 활용하도록 합니다.

평가요소	평가 준거		
	상	중	하
프로그래밍 활동	순차와 조건 구조를 이해하여 문제 해결의 과정에 전략적으로 사용하였다.	모둠원의 협력과 선생님의 조언으로 문제해결을 위한 프로그래밍을 완수하였다.	문제해결 절차를 구안하는데 어려움을 겪었고 프로그래밍을 완수하지 못하였다.
참여와 태도	프로젝트 전 과정에 적극적으로 참여하고 자신의 역할을 열심히 하였다.	프로젝트 과정에 빠짐 없이 참여하였으나 역할 수행에서 노력이 다소 부족했다.	프로젝트 활동에 소극적으로 참여하고 제 역할을 하지 못했다.
흥미와 관심	자신의 관심과 적성에 따라 능동적으로 주제와 활동을 선택하였다.	대체로 팀원의 권유와 의견에 따라 주제와 활동을 선택하였다.	나의 의지와 상관없는 선택이었고 활동에 주도적으로 임하지 못했다.
산출물 제작	모둠원과 협력하여 앱 인벤터를 활용한 앱 만들기를 계획하고 완성하였다.	앱 인벤터를 활용한 앱 만들기를 계획하였으나 완성도가 다소 미흡하다.	계획에서 완성까지 협력과 노력이 다소 부족하여 앱을 완성하지 못했다.
경청과 평가	다른 팀의 발표를 귀기울여 듣고 제품의 장단점을 분석할 수 있었다.	다른 팀의 발표를 들었으나 제품의 장단점을 분석할 수 없었다.	다른 팀의 발표를 제대로 듣지 못했고 장단점을 분석할 수 없었다.
새로운 아이디어	프로젝트 활동의 전과정에서 아이디어를 지속적으로 수정·보완하였다.	새로운 아이디어를 생성하기보다는 처음 계획에서 크게 벗어나지 않았다.	프로젝트 활동의 과정에서 특별한 아이디어를 생성할 수 없었다.
프로젝트 탐구를 통해 성장한 것			
학생들의 별점			
교사 총평			